O CORAÇÃO HEROICO

Um comentário contemporâneo dos
Trinta e Sete Versos sobre a Prática do Bodhisattva

O CORAÇÃO HEROICO

DESPERTANDO A COMPAIXÃO ILIMITADA

JETSUNMA TENZIN PALMO

Tradução de Jeanne Pilli

© 2022 por Jetsunma Tenzin Palmo

Título original: *The Heroic Heart*

Coordenação editorial
Vítor Barreto

Tradução
Jeanne Pilli

Revisão
Heloísa Puatto Fiuza de Andrade, Bruna Polachini

Projeto gráfico, capa e diagramação
Aline Paiva

Dados Internacionais de Catalogação na Publicação (CIP)
(Câmara Brasileira do Livro, SP, Brasil)

Palmo, Jetsunma Tenzin
    O coração heroico : despertando a compaixão ilimitada / Jetsunma Tenzin Palmo ; tradução Jeanne Pilli. -- Teresópolis, RJ : Editora Lúcida Letra, 2024.

    Título original: The heroic heart

    ISBN 978-65-86133-61-5
    1. Budismo 2. Dharma (Budismo) I. Título.

24-215832   CDD-294.3

Índice para catálogo sistemático:
1. Budismo 294.3
Eliane de Freitas Leite - Bibliotecária - CRB 8/8415

Todos os direitos desta edição são reservados.
© 2024 Editora Lúcida Letra

⁂Lúcida Letra

LUCIDALETRA.COM.BR   **EDITORA INTERDEPENDENTE**
Tv. Ranulfo Féo, 36 sala - 211 | Várzea - Teresópolis | RJ 25953-650

Este livro é dedicado a todos que desejam sinceramente tornar suas vidas significativas e que sejam de benefício a si mesmos e a todos os outros. Que estes conselhos de um bodhisattva como Thogme Sangpo ressoem através dos três tempos e por todas as culturas, nos tocando e nos inspirando a desenvolver um bom coração e a cultivar uma lucidez amorosa em todas as nossas vidas. O mundo precisa dessa bondade urgentemente.

SUMÁRIO

Agradecimentos, 9

Introdução, 11

1. Como tornar a vida mais significativa, 19
2. Abandonar apego e aversão, 27
3. Beneficiar-se da solidão, 35
4. Lembrar-se da impermanência, 41
5. Valorizar bons amigos, 45
6. Confiar nos professores espirituais, 49
7. Tomar refúgio, 55
8. Dar valor à virtude, 63
9. Reconhecer a verdade das coisas, 69
10. Valorizar os outros, 73
11. Praticar a bondade e a compaixão, 81
12. Abraçar a adversidade, 89
13. Trazer o sofrimento para o caminho, 95
14. Não retaliar quando somos prejudicados, 99
15. Respeitar até mesmo nossos inimigos, 105
16. Demonstrar bondade quando somos injustiçados, 107
17. Respeitar aqueles que nos desrespeitam, 111
18. Ser compassivo quando as coisas ficam difíceis, 119
19. Reconhecer o que é verdadeiramente valioso, 123

20. Dar uma chance à paz, 127
21. Abrir mão da ganância, 135
22. Abraçar a não-dualidade, 141
23. Reconhecer a ilusão, 155
24. Abandonar a ilusão, 163
25. Praticar a generosidade, 173
26. Praticar a disciplina, 177
27. Praticar a paciência, 181
28. Praticar a diligência, 183
29. Praticar a concentração, 189
30. Praticar a sabedoria, 193
31. Examinar a si mesmo, 195
32. Deixar de criticar os outros, 199
33. Não lucrar com o Dharma, 201
34. Abandonar a fala rude, 203
35. Livrar-se das emoções negativas, 205
36. Estar plenamente atento, 207
37. Dedicar ao benefício dos outros, 213

Sobre a autora, 217

AGRADECIMENTOS

Qualquer livro como este depende de muitas causas e condições interconectadas. Minha primeira dívida de gratidão é com Atisha Dipankara, que disseminou esses ensinamentos de treinamento da mente (*lojong*) no Tibete, no século XI. Através dele surgiu a linhagem Kadampa à qual pertence Thogme Sangpo, autor dos versos aqui apresentados. E, dessa forma, com todos os mestres que transmitiram esses ensinamentos até os dias de hoje. Sou também grata à maravilhosa equipe do Deer Park Institute, em Himachal Pradesh, por terem me convidado há alguns anos a oferecer os comentários em um final de semana, que serviram de base para este livro. Deer Park presta um serviço maravilhoso ao Dharma, convidando professores de todas as tradições a compartilharem seus conhecimentos de forma imparcial.

O comentário oral, que serviu de base para este livro, foi transcrito com devoção por minha amiga de longa data Arya-Francesca Jenkins. Arya transcreveu muitas das minhas palestras ao longo dos anos e sou profundamente grata a ela por todos os esforços tão habilidosos feitos em meu nome. Posteriormente, editei esta transcrição para fins de leitura, mas não fiz mais nada além disso. No entanto, com o tempo, Nikko Odiseos e Casey Kemp, da Shambhala Publications, fizeram propostas sobre um novo livro e eu sugeri minhas palestras sobre lojong, já que este é um assunto tão vital e útil para estes tempos conturbados. No final de junho de 2020, como uma maravilhosa surpresa de aniversário, o Dr. Dallas John Baker (Pema Düddul), professor de redação, edição e publicação na Universidade de Queensland, ofereceu sua expertise para editar algumas de minhas palestras para publicação. Este foi certamente um presente de Tara! Por isso decidimos trabalhar neste comentário sobre *Os Trinta e Sete Versos sobre a Prática de um Bodhisattva*, pois abrange um vasto material e oferece muitos conselhos práticos para a vida diária. De nossa parte, a revisão final do comentário foi cuidadosamente realizada pela monja americana Tenzin Dasel.

O texto em que nos baseamos aqui foi traduzido do tibetano pelo Padmakara Translation Group e publicado anteriormente em *The Heart of Compassion: The Thirty-Seven Verses on the Practice of a Bodhisattva* (A Essência da Compaixão: as 37 Práticas do Bodhisattva) de Dilgo Khyentse Rinpoche. Cada capítulo deste comentário se inicia com um verso do texto traduzido. Estamos sinceramente gratos pela permissão para utilizar a tradução do Padmakara Translation Group.

Por fim, agradeço a todos da Shambhala Publications que tornaram este livro possível por acreditarem na importância perene desses ensinamentos de *lojong*. Sinto-me profundamente admirada com a gentileza de tantas boas pessoas em ajudar a tornar este livro realidade. Minha própria contribuição parece ser mínima.

INTRODUÇÃO

> Todas as experiências são
> precedidas pela mente,
> têm a mente como mestre,
> são criadas pela mente.
>
> *O Buddha*

A citação acima, atribuída ao próprio Buddha, demonstra que nossa mente e a maneira como a usamos, a forma como pensamos, são centrais para o caminho budista. Portanto, é crucial e benéfico dispormos de um método para domar ou acalmar a mente, uma forma de treiná-la para nos afastar de nossos muitos hábitos negativos. Por que é tão importante treinar e domar a mente? Por que é imperativo liberar a mente de seus padrões habituais e descobrir sua verdadeira natureza? Porque uma mente não treinada tende a prejudicar os outros. Isso nos leva ao verdadeiro coração do budismo – a libertação de todos os seres sencientes de todas as formas de sofrimento. Embora nós, budistas, falemos muito sobre realização e iluminação, esse não é nosso verdadeiro objetivo. Nosso verdadeiro objetivo é libertar os seres sencientes do sofrimento, libertá-los também da delusão e da ignorância sobre sua verdadeira natureza. Nossa própria iluminação é a maneira mais garantida de nos equiparmos para fazer isso. Essa apreciação pelos outros é a essência do budismo. Das práticas fundamentais simples às práticas mais elevadas do Mahamudra e do Dzogchen, nada é mais importante ou mais elevado do que a expressão altruísta da compaixão ilimitada, ou *bodhicitta*. Treinar e domar a mente é a maneira pela qual fazemos brotar essa compaixão sem limites e a maneira pela qual somos capazes de expressar nossa verdadeira natureza.

Estamos começando a explorar um importante texto sobre *lojong* que oferece exatamente uma maneira de domar e acalmar a mente. A palavra tibetana *lojong* significa, literalmente, "treinamento da mente", mas a prática realmente tem mais a ver com o treinamento da nossa atitude para podermos nos afastar das maneiras usuais de responder ao que nos acontece, especialmente a circunstâncias adversas. A ideia é trazermos tudo para o caminho. Algumas pessoas pensam que um bom momento para praticar o Dharma é quando as coisas estão indo bem, quando estamos saudáveis e felizes e tudo está muito bem. Mas quando nos deparamos com circunstâncias adversas – pessoas difíceis, saúde debilitada e assim por diante –, então, de alguma forma, abandonamos ou adiamos a prática.

Estes ensinamentos de *lojong* têm como objetivo trazer tudo para o caminho, especialmente as circunstâncias adversas. A essência da prática de *lojong* é usar tudo o que nos acontece como um meio de amadurecermos internamente e de nos tornarmos espiritualmente fortes. Às vezes, comparo isso a um treinamento quando vamos a uma academia. O treinador olha para nós e diz: "Bem, seus braços não estão ruins, mas suas pernas estão muito flácidas". Então, vamos para os aparelhos e começamos a malhar. A razão para darmos duro nesses equipamentos é nos fortalecermos. Não ficamos ressentidos com eles porque nos desafiam. Se ficar muito fácil, buscamos equipamentos mais difíceis. Reconhecemos que o esforço que fizemos naqueles equipamentos é a razão pela qual agora temos pernas bonitas e fortes. Lojong é exatamente assim. O bispo de Milão do século IV, Santo Ambrósio, referiu-se ao livro cristão dos Salmos como uma "academia para a alma". Há também a ideia de que a própria vida é uma academia para a alma. Embora não acreditemos em almas no budismo, a ideia é boa. A vida é onde treinamos, é aqui que treinamos. Não deveríamos evitar os desafios ou apenas fazer exercícios em equipamentos fáceis.

Esse tipo de atitude e esses ensinamentos de lojong foram levados ao Tibete no século XI por um grande erudito bengali chamado Atisha Dipankara Srijnana. Atisha estudou esse tipo de pensamento em Sumatra por cerca de doze anos ou mais com o mestre Serlingpa. Ele, então, retornou à Índia e se tornou o reitor do grande colégio monástico de Vikramashila. Mais tarde, foi convidado para ir ao Tibete e, embora se sentisse muito velho, teve uma visão da Buddha Tara – ela o avisou que, se fosse, beneficiaria muitos seres sencientes, mas sua vida seria mais curta. Prezando o bem-estar dos outros acima de si mesmo, Atisha concordou em ir ao Tibete causando um enorme impacto.

O budismo, naquela época, atravessava um período de muita confusão sobre a maneira de colocar os ensinamentos em prática. Atisha viu que os ensinamentos tântricos avançados provavelmente não eram muito apropriados para o tipo de mente que os tibetanos tinham naquele tempo. Eles precisavam retomar os princípios básicos novamente e trabalhar em suas atitudes e motivação. Ele esclareceu o caminho da prática, dando ênfase à importância do refúgio nas Três Joias (Buddha, Dharma e Sangha) e na bodhichitta, a aspiração de atingir a iluminação para o bem de todos os seres. Além de oferecer esse esclarecimento, Atisha deu ensinamentos sobre como levar as vicissitudes da vida para o caminho, como abordar tudo através das lentes da apreciação pelos outros, da bodhichitta. Seus seguidores também continuaram essa tradição, que agora chamamos de tradição lojong, ou tradição do treinamento da mente.

O texto de lojong que estamos discutindo aqui, Os Trinta e Sete Versos sobre a Prática de um Bodhisattva, foi escrito no século XIV por um monge chamado Gyalse Thogme Sangpo, que nasceu em 1296 ou 1297 perto de Sakya, no Tibete ocidental. Desde tenra idade, ele exibia grandes qualidades de compaixão e de cuidado com os outros, como demonstrado em uma história de quando ele era apenas uma criança. Naquela época, as crianças usavam chubas forradas de lã, casacos compridos amarrados na cintura. Em um dia de inverno, Thogme saiu e, quando voltou para casa, estava nu. Seus pais lhe perguntaram: "O que você fez com a sua chuba?" e ele disse: "Ah, há um ser lá fora que estava com frio". Eles olharam para fora e havia um arbusto coberto de gelo. Thogme tinha colocado a chuba sobre o arbusto para mantê-lo aquecido.

A biografia de Thogme Sangpo é repleta dessas histórias encantadoras de como, mesmo quando mais velho, se metia em imensos problemas por causa dos outros, especialmente aqueles que estavam em circunstâncias difíceis, como mendigos, pessoas pobres e assim por diante. Quando tinha vinte e nove anos, Thogme tomou os votos monásticos completos. Ele foi um monge exemplar em todos os sentidos, mantendo seus votos com pureza até o final de sua vida. Agudamente ciente do sofrimento dos outros, incluindo animais, ele nunca usou peles ou couros de animais, apesar do clima tibetano gélido em que vivia.

Thogme tornou-se um erudito e trabalhou como abade de vários mosteiros. Naquela época, ele era extremamente conhecido e amado. Ele morreu com cerca de setenta anos. Naquela época, no Tibete, as pessoas não viviam muito tempo, portanto, essa era uma boa idade para os padrões tibetanos. Ele escreveu muitos livros, mas o que se tornou um clássico da literatura tibetana é conhecido como *Gyalse Lalen*. *Gyalse* que significa literalmente "filhos do Vitorioso", os bodhisattvas, e *lalen* significa "uma maneira de praticar". Geralmente é traduzido como *As Práticas de um Bodhisattva em Trinta e Sete Versos*.

Nossas monjas do Convento Dongyu Gatsal Ling (DGL) estudam este texto porque ele é acessível a qualquer pessoa – monges, monjas e leigos, budistas ou não budistas – e porque trata, como todos os textos de lojong, de como trazer para o caminho todas as circunstâncias difíceis da nossa vida, nossas próprias impurezas mentais que nos causam tantos problemas e os problemas causados por outros. É um texto prático porque nos ensina a aproveitar essas dificuldades, transformando-as e trazendo-as para o caminho. A princípio, pode não parecer praticável para nós, mas, na verdade, é altamente prático porque trata de como tomar circunstâncias adversas e usá-las como prática. Isso é importante para todos.

Recebi um comentário sobre este texto do Décimo Sexto Gyalwang Karmapa e também uma breve explicação do próprio Décimo Quarto Dalai Lama. Também recebi ensinamentos sobre este texto de Dilgo Khyentse Rinpoche, e vou me basear em seus comentários ao longo deste livro. A maioria dos versos é bastante autoexplicativa, mas é sempre útil receber ensinamentos sobre eles para aprofundar nossa compreensão.

Para complementar nossa discussão sobre o texto de Thogme Sangpo, vou me referir a outro texto de lojong, *Os Oito Versos que Transformam a Mente*, de Langri Thangpa (1054-1123 dC), um reverenciado mestre Kadampa e uma luz brilhante na tradição lojong. Vou intercalar a discussão deste texto com comentários sobre *Os Trinta e Sete Versos sobre a Prática de um Bodhisattva* quando os temas dos dois textos se sobrepuserem. Dessa forma, obteremos uma compreensão mais profunda da tradição lojong e uma noção mais clara de como aplicar os ensinamentos em nossa vida diária.

Cada capítulo deste livro se inicia com um verso de *Os Trinta e Sete Versos sobre a Prática de um Bodhisattva*. O texto em que nos baseamos aqui foi traduzido do tibetano pelo Padmakara Translation Group e publicado anteriormente em *The Heart of Compassion: The Thirty-Seven Verses on the Practice of a Bodhisattva* por Dilgo Khyentse Rinpoche (traduzido para o português com o título de "A Essência da Compaixão: as 37 Práticas do Bodhisattva").

Como na maioria dos textos tradicionais, *Os Trinta e Sete Versos sobre a Prática de um Bodhisattva* começa com a invocação que explica para quem o texto foi composto. Thogme Sangpo começa dizendo "Namo Lokeshvaraya". *Lokeshvaraya* significa Senhor dos Mundos, que é outro nome dado a Avalokiteshvara, também conhecido como Chenrezig ou Kuan Yin. Avalokiteshvara é o bodhisattva da compaixão, que é um objeto apropriado de reverência para um texto que trata do caminho da compaixão do bodhisattva. Enquanto textos que tratam de filosofia, lógica e assim por diante invocam Manjushri, o bodhisattva da sabedoria, textos que tratam do coração e de como incorporar a compaixão em nossas vidas diárias invocam Avalokiteshvara. O texto diz:

> Embora veja que em todos os fenômenos não há o vir e o ir,
> Ele se empenha unicamente pelo bem dos seres.[1]

"Fenômenos" aqui é a tradução da palavra *dharmas*, que significa coisas comuns, simplesmente coisas externas. Como todos sabemos, no budismo há uma grande ênfase na impermanência e na natureza temporária de todos os fenômenos externos e internos, no fato de que tudo surge e desaparece a cada momento, como um rio fluindo. Parece o mesmo rio, mas, a cada momento, a água está mudando, movendo-se, rodopiando e fluindo sempre rio abaixo. Tudo é assim, tudo surge e desaparece novamente, instantaneamente, embora em nossa percepção pareça haver uma continuidade.

Como a impermanência é um axioma fundamental do pensamento budista, podemos perguntar por que o texto diz: "ele vê que nos fenômenos não há ir e vir". Aqui ele está lidando com a realidade última. Em nossa maneira ordinária e relativa de ver, as coisas vêm e vão, as coisas sobem e descem, as coisas duram muito tempo ou desaparecem rapidamente. Mas, na realidade última, todas essas dualidades não se aplicam. Não há ir e vir, não há superior e inferior, não há aniquilação ou existência sem fim. Todos esses opostos, todas essas dualidades, são transcendidas no estado de como as coisas realmente são. Embora Avalokiteshvara seja o bodhisattva que representa a compaixão, sua compaixão surge naturalmente do ponto de vista de sua sabedoria perfeita.

---

[1] Khyentse, A Essência da Compaixão, 39.

Nas imagens de Avalokiteshvara, ele é representado com mil braços, que correspondem às suas infinitas atividades compassivas em favor de todos os seres. Em cada uma das mil mãos há um olho, simbolizando que ele vê a situação com precisão, tanto do ponto de vista comum quanto do transcendental. Avalokiteshvara sabe como agir, ou como não agir porque, às vezes, é melhor deixar as coisas como estão, mesmo que desejemos mudá-las. Avalokiteshvara vê as coisas com a clareza total de uma mente iluminada; portanto, ele vê que em um nível último não há ir e vir, que todos os dharmas estão em um estado de talidade, além da ideia temporal do fluxo constante dos fenômenos.

A primeira linha do texto de Thogme Sangpo é um louvor à sabedoria de Avalokiteshvara; a segunda linha se refere à compaixão. Avalokiteshvara vê o transcendente, o supremo, enquanto se empenha constantemente pelo bem dos outros em um nível relativo com compaixão. É importante que a sabedoria e a compaixão se unam; se não enxergarmos as coisas com clareza ou não entendermos completamente a situação, podemos estragar tudo. Avalokiteshvara vê as coisas de maneira vasta e da forma como elas realmente são. A partir dessa perspectiva infinita, ele é capaz de agir espontaneamente para o benefício último e relativo de todos os seres. Ao combinar a verdade última e a relativa, ele também é o mestre sublime, ou seja, nosso guru raiz. Você poderia pensar em Sua Santidade o Dalai Lama ou em Gyalwang Karmapa, ambos considerados emanações de Avalokiteshvara.

> Ao sublime professor, inseparável de Avalokiteshvara,
> o Protetor dos Seres,
> presto contínua homenagem com corpo, fala e mente
> imbuídos de respeito.[2]

No budismo temos as três portas: corpo, fala e mente. Prestamos homenagem ao professor com as três. Por quê? Simplesmente porque nosso professor é inseparável de Avalokiteshvara. Dilgo Khyentse Rinpoche disse em *The Heart of Compassion*, seu próprio comentário sobre os *Trinta e Sete Versos sobre a Prática de um Bodhisattva*:

---

[2] Khyentse, A Essência da Compaixão, 39.

O mestre espiritual sublime é inseparável de Avalokiteshvara, a personificação da compaixão de todos os buddhas. Embora Avalokiteshvara se manifeste de infinitas formas para o bem dos seres, exibindo formas incontáveis, sua natureza nunca se altera. Completamente iluminado, ele consumou a sabedoria primordial. Sua mente é a imutável mente iluminada não dual de todos os buddhas: o absoluto, dharmakaya.[3]

Os buddhas e bodhisattvas não estão separados de nossos professores nem de nós. Eles são nossa verdadeira natureza — quem realmente somos, caso pudéssemos ver claramente. Pensamos que somos seres sencientes comuns, mas não somos. Essa é a nossa tragédia. Mas o professor, um ser genuinamente realizado, ou lama, não é inerentemente diferente de nós e, assim, nas meditações budistas, absorvemos a deidade ou o lama ou ambos unidos em nós mesmos, pensando que nossas mentes e as mentes deles estão misturadas como água vertida sobre água para que que possamos *reconhecer* que não há distinção. A distinção vem de nossa parte. Achamos que somos comuns e eles são especiais, mas isso faz parte da nossa delusão e, por isso, temos que eliminar essa distinção conceitual, purificando e polindo. É como um belo vaso de prata que está tão manchado que parece preto. Temos que continuar polindo até voltarmos à prata que nunca, em sua natureza essencial, foi manchada.

Por mais sujeira externa que possa haver, se limparmos o vaso diligentemente, ele brilhará. Esse vaso de prata estava lá o tempo todo; ele não desaparece e retorna quando limpamos. Está sempre lá, mas não o reconhecemos. Tudo o que vemos é a camada preta sobre o vaso. Mas os grandes mahabodhisattvas e os lamas, os verdadeiros lamas genuinamente realizados, estão sempre em contato com sua base de prata. Eles não têm essa mancha como nós temos porque já fizeram o trabalho necessário de polir e manter seu brilho inato. Mas a natureza essencial deles é a mesma que a nossa. Isso é importante lembrar.

Os buddhas perfeitos — fonte da felicidade e da paz absoluta —
existem por terem consumado o Dharma sagrado;

---

[3] Khyentse, A Essência da Compaixão, 57.

>   consumar o Dharma sagrado, por sua vez,
> depende de saber como praticá-lo;
>   essa prática dos bodhisattvas é o que explicarei agora.[4]

Os buddhas, como o Buddha Shakyamuni, em um nível relativo, tiveram que fazer esforços por incontáveis éons para limpar a mancha e retornar ao seu verdadeiro metal. Como eles fizeram isso? Como todos os buddhas do universo se tornaram buddhas? Eles se tornaram buddhas praticando de fato o Dharma. É importante que pratiquemos e levemos isso a sério, em vez de apenas ler a respeito. Por isso este texto é tão importante. Não se trata de uma filosofia elevada, que precisamos nos recolher e pensar sobre ela, que está lá bem alto, em algum lugar no céu. É absolutamente pé no chão, que todos nós podemos usar, o dia todo, com quem quer que nos encontremos. De fato, é apenas nos encontrando com pessoas que podemos praticar verdadeiramente.

---

[4] Khyentse, A Essência da Compaixão, 59.

1
COMO TORNAR A VIDA MAIS SIGNIFICATIVA

> Agora que tenho este ótimo navio, uma
> vida humana preciosa, tão difícil de obter,
> devo cruzar o oceano do samsara,
> levando comigo todos os demais.
> Para tanto, ouvir, refletir e meditar,
> dia e noite, sem distração, é a
> prática do Bodhisattva.

O samsara às vezes é descrito como uma roda, mas também é frequentemente comparado a um oceano. Assim como o oceano tem ondas grandes e poderosas e marés perigosas, no samsara somos jogados para cima e para baixo sem parar. Às vezes estamos em cima, às vezes estamos embaixo. Depois, estamos novamente em cima e depois embaixo. É simplesmente interminável. O problema é que somos pegos pelas ondas e continuamente jogados para cima e para baixo. A vida nos golpeia. Lembremo-nos de que todas essas ondas que sobem e descem estão na superfície. Se descermos às profundezas do oceano, encontraremos reinos inteiros de calma e tranquilidade, com todos os tipos de peixes fascinantes, animais marinhos e monstros das profundezas.

Mas, como a maior parte de nossas vidas é vivida na superfície, arrastados para cima e para baixo por nossos pensamentos e emoções, do que precisamos? Precisamos de um barco porque, embora um barco também suba e desça, ele evita que fiquemos completamente submersos e, gradualmente, nos levará para a outra margem. O próprio Buddha falou muitas vezes sobre a outra margem, e essa outra margem é a liberação. Mas não podemos simplesmente nadar porque é muito longe, engoliremos muita água e, possivelmente, nos afogaremos. Portanto, precisamos de um barco para cruzar o oceano do samsara.

Como na analogia de Shantideva do barco do nascimento humano em "*O Caminho do Bodhisattva*":

> Tire proveito deste barco que é o seu corpo humano;
> liberte-se do rio caudaloso da amargura.[5]

Agora temos esse grande barco, que é o Dharma, mas também essa preciosa vida humana, tão difícil de obter. Cada um de nós tem um nascimento humano precioso. Podemos pensar: *Bem, bilhões de pessoas têm um nascimento humano precioso, e daí?* Mas isso não é verdade. Um nascimento humano precioso não significa apenas ter nascido como um ser humano. Há muitos outros fatores no contexto do Dharma do Buddha que tornam um nascimento humano precioso: nascer em um país ou lugar budista onde o Dharma do Buddha ainda é acessível, dispor de todas as nossas capacidades físicas e mentais, ter fé no Dharma, encontrar um professor e assim por diante. Não nascemos nos reinos superiores, onde tudo é agradável e não há incentivo para praticar, e não nascemos nos reinos inferiores, onde há tanta miséria e sofrimento que ficamos completamente presos em nossa própria paranoia. Tampouco nascemos entre os animais que, por mais adoráveis que sejam, não têm a capacidade de realmente praticar o caminho espiritual nesta vida.

O que torna um nascimento humano precioso? Para começar, podemos ler, e isso é uma coisa incrível neste mundo. Mas o que é ainda mais extraordinário é que podemos realmente compreender o que lemos na maioria das vezes. Mesmo que não consigamos ler todos os textos budistas e saber exatamente o que eles significam, podemos pegar um livro sobre o Dharma e, se ele não for muito complicado, podemos tirar algo dele; as palavras têm significado. Certamente, se pegarmos um livro comum sobre práticas básicas do Dharma ou biografias de lamas ou outros grandes professores, seremos capazes de entendê-los facilmente, nos envolver com eles e compreender o conteúdo. Podemos entender conceitos sobre os quais lemos, ainda que não tenhamos experienciado diretamente. A mente pode se debruçar sobre as ideias e contemplá-las.

Nosso texto diz o seguinte:

> Para tanto, ouvir, refletir e meditar
> dia e noite, sem distração, é a prática do Bodhisattva.[6]

---

[5] Khyentse, A Essência da Compaixão, 65.
[6] Khyentse, A Essência da Compaixão, 39.

Bem, dia e noite sem distração pode ser um pouco demais, mas nós precisamos estudar.

Mas vamos voltar ao tema do nascimento humano precioso. O que torna esse nascimento humano tão precioso? Digamos que nascemos em um país onde nos é permitido pensar o que quisermos. Considere quantos países no mundo não nos permitiriam pensar o que quisermos ou simplesmente mudar de religião ou ler livros sobre religião ou ir a centros de Dharma. Em muitos países deste mundo, ou não há centros de Dharma e a palavra Buddha nunca é ouvida, ou há centros de Dharma, mas você não tem permissão para ir porque pertence a outra religião. Isso é muito mais comum do que podemos imaginar se vivermos em países como a Índia, os Estados Unidos, o Reino Unido ou a Austrália.

Portanto, temos nosso nascimento humano, somos relativamente saudáveis e podemos pensar, nossa mente tem clareza. Temos a liberdade de pensar o que quisermos, de ler o que quisermos e termos interesse no Dharma. Isso é o mais importante de tudo. Você entende como isso é raro? Quantas pessoas estão realmente interessadas em qualquer Dharma, não apenas em pedir aos deuses que seus filhos sejam saudáveis e passem nos exames, ganhem mais dinheiro e tenham um emprego melhor, que é principalmente o que as pessoas pedem aos deuses, mas no sentido de realmente quererem se transformar?'

Quantas pessoas vão ao templo para rezar pela iluminação para o bem de todos os seres sencientes? Quantas pessoas vão ao templo para rezar pelo bem-estar e felicidade de outras pessoas fora de seu círculo familiar? É raro, muito raro, até mesmo ter alguma aspiração que vá além de nossos próprios interesses.

Eu fui criada no espiritismo e toda semana tínhamos sessões espíritas em nossa casa. Naquela época, eu tinha por volta de sete ou oito anos de idade. Mesmo sendo muito jovem, percebi que todos queriam entrar em contato com alguém que havia morrido e perguntavam a esses guias espirituais coisas como: "Minha tia Edith vai ser operada na próxima semana, ela vai ficar bem?" Eu pensava: *Temos aqui essas pessoas que estão do outro lado; vamos perguntar a elas algo importante. Talvez elas saibam ou tenham um ângulo diferente sobre o assunto.* Eu lhes perguntei: "Diga-me, existe um Deus?" Achei que talvez eles soubessem. Os guias espirituais responderam: "Bem, é claro que não sabemos ao certo, mas o que circula nos reinos espirituais é que Deus não é uma pessoa, mas, essencialmente, existe luz, amor e inteligência". Então pensei: *Ah, sim, com isso eu concordo.*

Essencialmente, há luz, amor e inteligência neste universo. E nós somos isso. Não se trata apenas de algo lá fora; nós os carregamos dentro de nós. É com isso que estamos tentando nos reconectar, com nossa luz, amor e inteligência originais, que é quem realmente somos. É importante não nos distrairmos tanto com coisas irrelevantes, mas realmente nos lembrarmos por que estamos aqui neste planeta e compreendermos por que ter este corpo humano é tão precioso para não desperdiçarmos nossa vida novamente. Caso contrário, estaremos vivendo basicamente como um animal bem treinado. O que os animais querem fazer? Nossos cães no Convento DGL, por exemplo, querem ser alimentados, querem ficar confortáveis. Quando está frio, eles se aconchegam em lugares protegidos e, quando está quente, deitam-se ao sol. Quando fica muito quente, voltam a se deitar na sombra. Eles estão sempre buscando conforto. Eles querem comer comida saborosa. Se não tiverem sido castrados, eles querem acasalar. Se aparecer um cão estranho que pareça ameaçador, eles atacarão para preservar seu território, mas se for um de seus amigos cachorros, brincarão juntos.

Bom, se levarmos nossa vida basicamente nesse nível, poderíamos muito bem ter voltado como um cão de estimação. De fato, em Nova Iorque, há mais pet shops do que salões de beleza! Na verdade, os animais de estimação se tornaram como crianças. Todos esses animais de estimação com seus lacinhos, tiarinhas e jaquetinhas. De qualquer forma, a questão é que, se tudo o que queremos é conforto e afagos, ser amados e admirados, então poderíamos muito bem ter voltado como um poodle, já que desperdiçamos nosso nascimento humano. É difícil ter um nascimento humano dotado de liberdades e vantagens. Se desperdiçarmos essa oportunidade agora, será difícil recuperá-la no futuro. Todas as causas e condições se reuniram graças aos esforços que fizemos em outras vidas. Se não fizermos um esforço para criar as causas e condições corretas nesta vida, perderemos a oportunidade. Agora é a hora, pois não sabemos o que o futuro nos reserva.

Agora, o Dharma está aqui, os professores ainda estão aqui, os livros ainda estão aqui. Temos a liberdade de ouvir e praticar; ninguém está nos impedindo. Se não aproveitarmos ao máximo essa oportunidade agora, quem sabe o que acontecerá na próxima vez? Mesmo no futuro nesta vida, quem sabe? O único momento de que podemos ter certeza em nossa vida é agora, portanto, isso é muito importante.

O que temos de fazer é "ouvir, refletir e meditar". Primeiro, temos que acumular conhecimento, temos que ouvir os ensinamentos do Dharma. Tradicionalmente, na época do Buddha, as coisas não eram escritas, portanto, nos sutras sempre se falava em ouvir, pois não havia livros. A primeira coisa que precisamos fazer é ouvir. Isso inclui ler, estudar, baixar da Internet, tudo isso; qualquer aquisição de conhecimento é considerada ouvir.

Ouvir significa estudar o Dharma. Nós o recebemos, lemos sobre ele e ouvimos sobre ele, mas depois temos que pensar sobre ele, "refletir" sobre ele. Não basta apenas recebê-lo. É como um alimento: primeiro damos uma mordida, mas depois temos de mastigá-lo para digeri-lo; não podemos simplesmente engolir tudo em grandes pedaços. Temos de pensar sobre o que lemos, o que ouvimos e realmente tentar entender. Se tivermos dúvidas, tudo bem, não tem problema. Não precisamos acreditar cegamente. O Dharma diz que temos que acreditar porque entendemos. Se você não acreditar em algo, deixe isso de lado por um tempo ou estude mais.

Quase todos os anos, quando eu estava em Lahaul[7], eu ia ver meu lama, o oitavo Khamtrul Rinpoche, o anterior, e sempre tinha uma longa lista de perguntas do meu retiro. Eu costumava ficar com um pedaço de papel ao meu lado para que, quando surgisse um pensamento ou uma pergunta, eu pudesse anotar e esquecer, em vez de ficar pensando naquilo. Então, quando eu encontrava meu lama, ele se recostava e dizia: "Onde está sua lista?" e eu mostrava as páginas com todas as minhas perguntas. Acho que o Rinpoche até gostava disso porque as perguntas subiam e desciam e iam para todos os lados e, de vez em quando, ele dizia: "Ah, ninguém nunca perguntou isso antes. Tenho que pensar, hum".

Havia algumas coisas sobre o budismo tibetano em que eu realmente não acreditava, e ele dizia: "Não importa, deixe isso de lado por enquanto". Às vezes, ele ria e dizia: "Nem tudo que você lê nos livros é verdade". Uma vez ele até disse: "Bem, nós só escrevemos assim para assustar as pessoas e fazer com que sejam boas!" O ponto é que não é preciso acre-

---

[7] Jetsunma passou doze anos em retiro em uma caverna isolada em Lahaul, no norte da Índia. Leia sua biografia escrita por Vicki Mackenzi, traduzida pela Lúcida Letra, *A Caverna na Neve*.

ditar em tudo. Não precisamos ficar com medo de que um raio caia do céu e nos atinja se não acreditarmos em tudo. Não é assim. O que precisamos é de uma crença inteligente, uma crença baseada em nosso próprio discernimento.

Às vezes, chamo o budismo de "senso comum iluminado" porque, quando o ouvimos, pensamos: "Sim, isso faz sentido". Mas se ouvirmos ou lermos algo e pensarmos: "Hum, isso não parece certo", então deixamos de lado ou talvez possamos estudar mais sobre o assunto. Talvez não tenhamos entendido ou talvez seja apenas uma verdade provisória que não é uma verdade definitiva. Talvez fosse apenas o que as pessoas acreditavam na sociedade daquela época. Nem todos precisamos acreditar que o mundo é plano, com o Monte Meru e os quatro continentes, mas esse é o tipo de cosmologia que existia naquela época. Hoje em dia ninguém é queimado em uma fogueira por acreditar que o mundo é redondo. O mundo é redondo, o mundo é plano; seja como for, é tudo vazio! Pense bem nas coisas, tente realmente entender. Se você não entender, então leia mais sobre o assunto, pense mais sobre ele, faça perguntas. A reflexão é uma parte crucial do Dharma.

A seguir, o mais importante de tudo, nosso texto diz: medite. Mas, na verdade, a palavra tibetana *gom* significa literalmente "acostumar-se ou familiarizar-se com algo". O que temos de fazer então é praticar, colocar nossas ideias em ação. Um de meus lamas dizia: "Primeiro você ouve e estuda, depois pensa a respeito daquilo, depois se torna aquilo". E esse é o ponto. A ideia vai da cabeça para o coração e nós nos transformamos. Então, espontaneamente, o que dizemos, o que pensamos e o que fazemos vêm naturalmente dessa nossa compreensão.

Isso é muito importante, pois, caso contrário, o mero aprendizado não nos ajudará. Certa vez, fui visitar Trijang Rinpoche, que era um dos principais tutores de Sua Santidade o Dalai Lama. A primeira pergunta dele, é claro, foi: "Quem é o seu lama?" Eu disse: "Khamtrul Rinpoche", e ele respondeu: "Ah, Kagyu! Bem, o que acontece com os Kagyupas é que eles praticam, essa é a ênfase dos Kagyus". Depois, voltou-se para o secretário e disse: "Na hora da morte, o que vai nos ajudar, uma cabeça cheia de conhecimento dos livros ou a compreensão e realização genuínas no coração? Sabe, não precisamos estudar tanto. O que precisamos é estudar, entender o que lemos e depois, realmente, praticar e colocar em nosso coração. É isso que vai nos ajudar".

Se a prática e a compreensão não estiverem em nosso coração, estudar é apenas aprender, aprender, aprender sem parar, sem que nada internamente se transforme. Se alguém disser algo desagradável para nós e ficarmos chateados e na defensiva e pensarmos: *"Como eles podem fazer isso comigo?"*, então não aprendemos nada.

Essas três coisas são muito importantes. Primeiro, precisamos estudar para saber o que estamos tentando fazer, depois, pensar bem para realmente entender e, por fim, incorporar isso em nossa vida e nos tornarmos isso. Temos muito trabalho pela frente.

Dia e noite, sem distração, é a prática de um Bodhisattva.

Isso significa que o que quer que esteja acontecendo, mesmo que seja apenas um filme a que estamos assistindo, devemos tentar vê-lo do ponto de vista do Dharma. Por exemplo, se o filme for supostamente um drama romântico, com apego, ciúme e raiva sendo representados, devemos observá-lo com clareza mental e abertura de coração. Dia e noite, estamos constantemente praticando o caminho de um Bodhisattva. Dilgo Khyentse Rinpoche comentou o seguinte com relação a esse verso:

> Todos os dias, lembre-se de que, se você não estudar e refletir sobre os ensinamentos, não meditar e não recitar orações e mantras, ficará desamparado no momento da morte. A morte é certa. Se esperar pelo momento da morte para começar a praticar, será tarde demais.[8]

Bodhisattva não tem folga. São vinte e quatro horas por dia, sete dias por semana — o que posso dizer?

---

[8] Khyentse, A Essência da Compaixão, 66.

2

ABANDONAR APEGO E AVERSÃO

> Na minha terra natal, o apego aos amigos
> e à família oscila como uma onda,
> a raiva pelos inimigos arde como o fogo e
> a escuridão da ignorância, que nos impede de
> saber o que adotar e o que rejeitar, aumenta:
> abandonar a terra natal é a
> prática do Bodhisattva.

Esse segundo verso não se refere apenas à nossa terra natal externa. Não significa que todos nós temos que atravessar o mundo para praticar porque levamos nossa mente conosco, e é a nossa mente que tem todo esse apego, ódio e a escuridão da falta de conhecimento.

Por um lado, as pessoas ficam presas a relacionamentos habituais. Dilgo Khyentse Rinpoche colocou isso da seguinte forma:

> O significado de abandonar a terra natal é deixar para trás as emoções de apego e ódio, bem como a ignorância obscurecedora que as permeia. Falando de modo geral, esses três venenos estão mais ativos no relacionamento com familiares e amigos da nossa terra natal onde, facilmente, a sua maior preocupação é com a proteção, a prosperidade e a felicidade das pessoas pelas quais você tem apego.[9]

Com frequência, as pessoas reagem umas às outras com base em velhos hábitos, sem nem mesmo pensar mais nisso. Muitas negatividades surgem devido à maneira como as pessoas costumam agir e falar com outras com as quais estão familiarizadas. Talvez os padrões tenham começado na infância e continuem a se repetir, de novo e de novo.

Por outro lado, é bom ser capaz de se afastar e talvez ter uma nova perspectiva por estar em um ambiente diferente, onde podemos tentar

---

[9] Khyentse, A Essência da Compaixão, 71.

incorporar maneiras melhores de lidar com as pessoas. Mas o problema, na verdade, é que "terra natal" significa nossas respostas habituais e comuns; é isso que temos de deixar para trás. E a maneira de deixá-las para trás é primeiro tomar consciência delas.

As ondas de apego surgem dentro de nós e ao nosso redor. Estamos perdidos nesse imenso oceano, nos importando com as pessoas, nos preocupando com elas, temendo que elas nos abandonem e depois ficando felizes novamente quando elas dizem que nos amam. Pais com seus filhos, casais em relacionamentos, tudo isso; há tanta coisa acontecendo que é raro conseguirmos relaxar em águas calmas e tranquilas. Na maioria das vezes, as ondas de esperanças e medos nos empurram para cima e para baixo. Tudo isso se deve ao apego. Apego não é sinônimo de amor; há uma enorme diferença entre amor e apego. O Buddha disse que a causa de nosso sofrimento, de *duhkha*, é o apego, a fixação e o agarramento.

Mas o amor e a compaixão, que são qualidades essenciais no caminho, são bem diferentes. Na verdade, são o oposto do apego e da fixação. Para nós, seres sencientes comuns, essa é uma das distinções mais difíceis de realmente entender, pois, em nossa sociedade, acreditamos que quanto mais apegados somos, mais amor sentimos. Mas isso simplesmente não é verdade. O apego é complicado, mas basicamente significa: "Quero que você me faça feliz e faça com que eu me sinta bem". Já o amor diz: "Quero que você seja feliz e que se sinta bem". Isso não tem nada a ver comigo. Se estar comigo faz com que você se sinta feliz e bem, ótimo; se não, então que seja. O importante é que o amor nos permite segurar as coisas com delicadeza em vez de agarrá-las com força. Essa é uma diferença importante.

Para exemplificar, conto a história de minha mãe. Meu pai faleceu quando eu tinha dois anos, saiu de cena, minha mãe criou meu irmão e eu sozinha. Por fim, meu irmão se alistou na Força Aérea Real da Malásia, só eu fiquei em casa, e minha mãe e eu nos dávamos muito bem. Ela também se interessava pelo budismo e, por isso, íamos juntas às reuniões do Dharma encontrar qualquer lama ou monge que estivesse em Londres na época.

Então, quando eu tinha dezenove anos, recebi uma carta da Índia dizendo que havia um emprego para mim e que eu deveria ir. Lembro-me de correr pelas ruas para encontrar minha mãe, que estava voltando do trabalho, e dizer a ela: "Mãe, estou indo para a Índia!" E ela respondeu: "É mesmo, querida? E quando você parte?" Ela não se desesperou: "Você está indo para a Índia? Como pode abandonar sua pobre mãe? Vou ficar sozinha, sem ninguém para cuidar de mim e me proteger! Estou ficando velha!" Ela nunca disse nada disso, não porque não me amasse, mas justamente porque me amava e queria o que era certo para mim, mesmo que isso não a incluísse.

Mais tarde, quando eu estava na Índia, a cada dez anos, ela escrevia: "Se eu lhe enviar uma passagem de volta, você poderia vir para cá passar um mês?" E, assim, a cada dez anos, eu voltava por um mês, passava um tempo com minha mãe e depois retornava à Índia. Ela também passou um ano na Índia comigo. Ela adorava a Índia — era muito diferente do que é hoje, mas ela adorava. Ela adorava a Índia, adorava os indianos, adorava os tibetanos, mas ficou doente por causa da comida e teve de voltar para a Inglaterra. Mas aquilo era amor.

Há um cartunista australiano chamado Michael Leunig que fez uma série sobre como respeitar e demonstrar amor pelos outros. Um de seus exemplos era segurar um pintinho de um dia de vida nas mãos. Você o segura com cuidado e delicadeza, pois se o agarrar, adeus pintinho! O amor é assim.

O amor é uma expressão de carinho e de desejo de que o outro seja feliz, mas sem você enroscado no meio disso. Não se trata de se agarrar, *eu quero que você seja feliz, mas somente se isso me incluir*. Por estarmos sempre muito envolvidos com nossas famílias e por ser difícil não nos apegarmos a elas, o segundo verso usa o exemplo de deixar a terra natal. Entretanto, isso não significa necessariamente que temos de sair de casa. O que significa é que temos de começar a pensar de uma maneira diferente sobre nossos entes queridos — uma maneira que os valorize genuinamente e deseje o seu bem, mas que permita que sejam quem são, sem tentar manipulá-los ou fazê-los dizer e fazer o que queremos que façam para nos deixar felizes. Trata-se de permitir que eles sejam quem são e dar-lhes a liberdade de ter a vida deles, quer isso nos inclua ou não.

Então, começamos praticando com aqueles que amamos e dos quais somos próximos. Praticamos como amá-los genuinamente, como eles são, sejam eles como forem, sem apego. Lembro-me de que, quando eu tinha quinze ou dezesseis anos, minha mãe um dia, do nada, me disse: "Quero que saiba que não há nada que você possa fazer que me faça deixar de amá-la". Isso é amor. Eu não estava fazendo nada, mas gostei da ideia e sabia que era verdade. Independentemente do que eu fizesse, minha mãe me apoiava, sem tentar me manipular, apenas permitindo que eu fosse como eu era e amando quem eu era.

Outro problema é que, se ficarmos o tempo todo em nosso ambiente habitual, é fácil cultivar antipatias e conflitos; alguns podem até ter começado na infância. Gostamos dessa pessoa, mas não gostamos daquela. É fácil sentir hostilidade por muito tempo em relação a nossos vizinhos ou até mesmo a nossos irmãos, quando não examinamos por que nos sentimos assim. É difícil ver as pessoas que conhecemos bem, como nossa família, como elas realmente são e não como nossa projeção.

Portanto, às vezes, é útil dar um passo atrás e olhar para as pessoas que nos são muito familiares como se nunca as tivéssemos visto antes. Deixar de lado todos os nossos preconceitos, todas as nossas ideias, todas as nossas opiniões e, simplesmente, enxergá-las, sem nenhum tipo de julgamento. Escutá-las. Ouvi-las como se fosse a primeira vez. Vê-las como se fosse a primeira vez, como se fosse algo novo. Ficamos presos em nossas reações e julgamentos habituais, geralmente com muito apego ou com antipatia. Até mesmo as pessoas que se amam muitas vezes ficam presas a uma maneira hostil de reagir, que elas não percebem. Elas brigam umas com as outras o tempo todo e não se ouvem. É como uma daquelas novelas que ficam sendo reprisadas sem parar. Por que não mudamos de canal?

Portanto, isso é o que significa abandonar sua terra natal. Não significa apenas nos retirarmos fisicamente, mas, o que é muito mais importante, significa nos mudarmos interiormente para um espaço diferente. Isso é muito importante e é por isso que esse conselho vem logo no início da prática. Realmente começar a ver as coisas de um ângulo diferente, como se estivéssemos em um lugar novo, encontrando pessoas novas pela primeira vez e vendo-as com carinho e desejando sua felicidade. Basicamente, apenas ver as pessoas sem ideias preconcebidas.

Outra prática útil é dar um passo atrás e apenas ouvir a si mesmo falando. Sem julgar, apenas ouvir. O tom de voz. O tipo de linguagem que usamos. A maneira como falamos e o que dizemos. Muitas vezes nem temos mais consciência disso. É tudo muito automático. A maneira como falamos com uma pessoa comparada com a maneira como falamos com outra. Apenas ouça. Não ouvimos a nós mesmos. Muitas vezes, quando alguém reproduz uma gravação, a pessoa que está falando não se reconhece. Ela não conhece sua própria voz. "Oh, meu Deus, será que eu falo mesmo assim?!"

Podemos tentar ver as coisas de uma maneira nova. É importante olhar para a nossa mente e começar a eliminar o tanto de lixo e de entulho que carregamos conosco como se estivéssemos limpando um velho sótão. Separamos todo o lixo e pensamos: "Por que diabos eu guardei tudo isso?" Podemos começar a jogar coisas fora e fazer uma pequena faxina. Principalmente no que diz respeito às nossas respostas habituais. Os ensinamentos do lojong tratam de como cultivar respostas hábeis no lugar de nossas respostas habituais não hábeis. Precisamos olhar, questionar e enxergar sem fingir. Precisamos cultivar a mudança interna. Quando vemos algo em nossas respostas que não é útil, que é negativo, esse é o nosso caminho. Essa é a nossa prática. Mudar e transformar. Tudo pode ser mudado.

"A escuridão da ignorância" refere-se ao fato de que o problema todo é que simplesmente não enxergamos. Por que nos apegamos tão obsessivamente a outras pessoas? Por que ficamos com raiva das pessoas que não fazem o que queremos que elas façam? Por que continuamos a fazer e a dizer coisas erradas quando sabemos que isso é besteira? Por que não fazemos as coisas que sabemos que seriam úteis? Em última análise, é por causa dessa escuridão de nossa própria falta de compreensão, mas também por conta de nossa inércia habitual. É muito mais fácil continuar fazendo as coisas do jeito que sempre fizemos. É preciso muita consciência de si mesmo e muito esforço para mudar.

Mesmo sabendo que seguir o caminho que estamos seguindo não nos leva a nada do que queremos e só cria mais problemas, ainda assim sentimos um peso quando de fato precisamos fazer um esforço para mudar. É como uma névoa espessa que se instala na mente e nos impede de ver com clareza: o que poderia ser feito de forma diferente, o que seria eficaz e o que não é eficaz? Mesmo que tenhamos lido sobre esse assunto milhares de vezes, ainda nos vemos presos às mesmas respostas habituais de sempre.

Mudar hábitos físicos é um desafio, mas mudar hábitos mentais e emocionais é um desafio ainda maior. Mas a boa notícia é que é possível. Hoje em dia, os neurocientistas estão ocupados mapeando o cérebro, e a boa notícia é que eles dizem que podemos, de fato, criar novos caminhos neurais. Também podemos desligar lentamente as vias neurais antigas. Nossas mentes e comportamentos não são imutáveis. O cérebro é bastante maleável. Ele pode mudar. É como um rio que flui em uma determinada direção, mas pode ser direcionado para outro lugar.

Da mesma forma, podemos criar novos canais. Podemos criar novos caminhos. Imagine uma floresta com uma trilha conhecida que sempre usamos. Depois de algum tempo, essa trilha fica desgastada, compactada e definida e, assim, sabemos exatamente para onde estamos indo. Mas agora não queremos mais pegar esse caminho. Por exemplo, alguém diz algo indelicado e ficamos chateados, irritados e magoados — o que é apenas o ego chateado porque as pessoas não o amam.

Não queremos seguir por essa estrada inútil que não leva a lugar algum. Queremos seguir um novo caminho de respostas hábeis, mas ainda não existe uma trilha. Nunca experimentamos esse novo caminho de pensamento: "Bem, muito obrigada! Fico feliz por você ser tão horrível porque agora posso praticar a paciência". Não temos uma trilha em nosso cérebro para isso, então temos que criar uma. E, dessa forma, começamos a seguir por essa nova trilha, mas a grama volta a crescer e nem parece que já passamos por aquele caminho antes. Mas, se continuarmos seguindo esse mesmo caminho todos os dias, acabaremos criando uma estrada.

Dessa forma, gradualmente, a grama e as flores começam a avançar pela antiga trilha que parecia tão permanente e, depois de algum tempo, não há mais trilha. A nova trilha se tornou o caminho. Mas isso só acontece com o esforço repetido. Não acontece da noite para o dia. Simplesmente não acontece. Qualquer pessoa que prometa que tudo isso é fácil está apenas enganando você, porque esses hábitos estão profundamente enraizados em nossa psique, como se fossem raízes grossas e profundas. É preciso muita consciência, esforço e determinação para transformá-los. Mas a boa notícia é que todos nós podemos mudar. Certamente podemos. Como disse o Buddha: "Sim, podemos mudar. Se não pudéssemos mudar, eu não diria para vocês fazerem isso, mas, como vocês podem, eu digo: por favor, continuem praticando", ou palavras nesse sentido.

Mas é importante lembrar que ninguém, nem mesmo o Buddha, pode fazer isso por nós. Depende de nós. Os professores podem ajudar. Eles podem orientar e incentivar, mas não podem fazer isso por nós; se pudessem, fariam. Precisamos aceitar que somos responsáveis por nossa própria mente-coração, mesmo que outras pessoas estejam lá para nos ajudar — sendo gentis e encorajadoras ou sendo absolutamente horríveis e desagradáveis. Seja como for, elas são amigos espirituais genuínos, como o texto explicará.

Reconhecemos que esses três venenos dentro de nosso coração — apego, ódio e desconhecimento básico ou ignorância — são a causa de nosso sofrimento no samsara. O problema não está lá fora; está dentro de nós. Podemos fazer algo a respeito. Essa é a mensagem completa. Não precisamos descartar nada achando que é um obstáculo à prática. De fato, tudo é uma ajuda para nossa prática se tivermos a atitude correta. É uma questão de mudar nossas reações. Só isso.

3

BENEFICIAR-SE DA SOLIDÃO

> Ao abandonar lugares desfavoráveis,
> as emoções perturbadoras
> gradualmente se desvanecem;
> onde não há distrações, as atividades
> positivas aumentam naturalmente;
> conforme o estado desperto se torna mais
> evidente, a confiança no Dharma cresce:
> permanecer solitário é a
> prática do Bodhisattva.

Ao falar sobre esse verso, Dilgo Khyentse Rinpoche disse: "Quando você vive em um local afastado, gradualmente as emoções negativas diminuem e o autocontrole e a moderação aumentam."[10] Esses textos foram escritos para monges e eremitas que, normalmente, vivem em lugares solitários, mas também podemos entendê-los de uma forma mais profunda. Não se trata apenas de solidão externa. Significa também uma solidão interior. "Ao abandonar lugares desfavoráveis, as emoções perturbadoras gradualmente se desvanecem." A questão é: o que são "lugares desfavoráveis"?

A fundação do budismo é a renúncia. Em tibetano, a palavra para renúncia é *ngejung*, que significa "abandonar algo realmente". Se quisermos realmente nos tornar mestres de nossas mentes, em vez de escravos de nossas emoções; se quisermos levar uma vida que seja benéfica para nós mesmos e para os outros, teremos que ser seletivos. Não podemos fazer de tudo nesta vida. Não podemos passar todas as noites festejando e depois acordar às cinco da manhã para fazer nossa prática. Bem, poderíamos, mas isso não funcionaria muito bem. Temos que decidir o que é realmente importante para nós em nossa vida e o que não é. Então, simplifique. Isso é resignação.

---

[10] Khyentse, A Essência da Compaixão, 74.

Renúncia é olhar para nossa vida e nossas atividades e reconhecer o que é contraproducente para o caminho espiritual — o que é uma distração e o que estimula o aumento das emoções negativas e desestimula o aumento das positivas. Então, podemos decidir que não estamos mais interessados em continuar com isso. Em inglês, a palavra renúncia transmite a sensação de cerrar os dentes e desistir de algo que realmente queremos, mas que sabemos que não devemos ter. Quando eu tinha 18 anos e me tornei budista, desisti de Elvis Presley. Dei todos os meus discos e revistas achando que isso era renúncia. Mas esse não é o verdadeiro significado de renúncia.

Quando somos crianças e temos nossos brinquedos favoritos, como um ursinho de pelúcia, levamos esse ursinho conosco para todos os lugares e, realmente, amamos o ursinho. Mesmo que ele esteja sujo e maltrapilho e tenha perdido um olho, nós o amamos. Se alguém tenta tirar o ursinho de nós, isso dói. Nosso coração sofre. Não estamos prontos para desistir do ursinho. Mas, à medida que envelhecemos, nosso interesse pelos brinquedos de crianças diminui. Simplesmente não temos mais interesse. Nós os substituímos por jogos de computador, ou qualquer outra coisa. Mas trocamos nosso objeto de desejo. Temos interesses diferentes. Agora, se perdermos nosso ursinho de pelúcia, não faz mal. Não tem mais importância.

À medida que a admiração pelo Dharma toma conta de nossa vida mais e mais, perdemos o interesse em outras coisas que antes pareciam muito importantes para nós. É como as folhas de uma árvore na primavera e no verão, quando a árvore está em plena floração. Se tentarmos arrancar as folhas da árvore, haverá resistência porque elas estão firmemente presas. Mas, no outono, a fixação diminui e as folhas caem naturalmente. Elas caem porque estão se preparando para um novo crescimento.

Da mesma forma, à medida que nosso interesse e envolvimento no Dharma se aprofundam, nosso envolvimento e interesse em outras distrações mundanas naturalmente se desvanecem. Estamos nos esforçando para crescer e nos tornar adultos, no verdadeiro sentido da palavra. Buddha chamou as pessoas comuns presas às distrações do mundo de "infantis". Estamos tentando amadurecer. Muitas vezes, o caminho é chamado de *mindrol*. A palavra *minpa* significa "amadurecer, desenvolver" e *drol* significa ser liberado, ser livre. Temos que amadurecer nosso fluxo mental para sermos liberados.

Quando a instrução diz: "Ao abandonar lugares desfavoráveis, as emoções perturbadoras gradualmente se desvanecem", isso não significa apenas mudar-se para outro país. Também pode significar mudar as circunstâncias externas que não nos servem mais, como assistir sem parar à televisão ou ficar olhando para o computador ou celular, beber e ir a festas, ou simplesmente fazer muitas fofocas inúteis e ter conversas banais. Essas situações criam muita perturbação na mente. Portanto, convém evitar esse tipo de atividade e, em vez disso, frequentar lugares onde as pessoas estejam interessadas em temas mais espirituais, como centros de Dharma ou qualquer lugar que tenha uma atmosfera positiva. Devemos nos associar a pessoas gentis e com valores positivos e conversar sobre assuntos que tenham algum significado genuíno. Esses são bons lugares onde as emoções negativas começam a se acalmar.

Na medida do possível, devemos procurar ambientes em que as emoções aflitivas, como raiva, agressividade, ciúme e apego, comecem a diminuir. Ao mesmo tempo, nossas boas qualidades têm a chance de aumentar porque todos os outros estão tentando ser gentis e amigáveis e, naturalmente, queremos ser gentis e amigáveis também. Isso se torna natural quando estamos em um ambiente em que essas qualidades são admiradas e apreciadas.

Também é importante ser seletivo com relação às companhias que mantemos. Mais adiante, o texto fala sobre evitar más companhias. O que isso significa é que, como seres sencientes comuns, somos influenciados pela sociedade ao nosso redor, geralmente muito mais do que gostaríamos de admitir. A menos que sejamos cuidadosos, muitas vezes assumimos os valores das pessoas com as quais nos associamos habitualmente. Portanto, se estivermos com pessoas que só pensam em distrações e objetivos mundanos, então, gradualmente, pouco a pouco, nosso interesse pelo Dharma pode começar a diminuir e nosso fascínio por coisas externas começa a aumentar. Mesmo que não entendamos isso, é algo que acontece naturalmente.

Portanto, temos que ser seletivos. Isso não significa sermos rudes com as pessoas que não querem meditar seis horas por dia, mas significa que devemos nos associar intimamente com pessoas que tenham essencialmente o mesmo tipo de valores e apreciação pela vida no Dharma. Mesmo que não sejam budistas, no mínimo devem ser pessoas genuinamente boas. Como dizem, se colocarmos um pedaço de madeira comum em uma caixa de sândalo, ele ficará com o cheiro de sândalo. Mas se o enterrarmos em um monte de esterco, é claro que ficará com cheiro de esterco. Precisamos ter cuidado.

À medida que começamos a praticar o Dharma, nossa mente começa a se acalmar e a virtude inata começa a aparecer, nossa apreciação pelo Dharma se aprofunda. Ninguém ama o Dharma da mesma forma que os grandes mestres realizados. Eles ouvem apenas uma palavra do Dharma e seus olhos se enchem de lágrimas, mesmo que já tenham ouvido a mesma coisa um milhão de vezes. Porque eles sabem o quanto o Dharma é precioso: eles não apenas o estudaram, não apenas refletiram sobre ele, mas se tornaram o Dharma. Seu apreço e devoção são genuínos e, por isso, são profundamente gratos.

Quando nossa mente começa, gradualmente, a ver mais claramente, com menos delusão, menos julgamento e mais clareza, e todas as nossas perturbações, raiva e defesas do ego começam a se acalmar, nossa incrível gratidão aos Buddhas — e a todos os mestres que vieram depois e preservaram essa preciosa linhagem — surge espontaneamente no coração. A fé não é fabricada. Quando imaginamos um mundo — e nossas vidas — sem o Dharma, nos sentimos profundamente gratos. Profundamente gratos.

Embora a prática de abandonar lugares desfavoráveis e permitir que as emoções perturbadoras desapareçam não seja necessariamente fácil, ela é certamente possível. Ao passarmos por cada uma das práticas, descobrimos que o texto está, na verdade, descrevendo os quatro pensamentos que afastam a mente da atividade mundana comum e a direcionam para o Dharma do Buddha. Esses quatro pensamentos são uma prática poderosa por si sós e incluem:

1. Contemplar nossa vida humana preciosa para que sejamos gratos por nossa existência.
2. Contemplar a impermanência e a morte para que aproveitemos as oportunidades desta vida neste momento.
3. Contemplar o karma, ou a lei de causa e efeito, para que possamos entender que todas as nossas ações têm impacto sobre nós mesmos e sobre os outros.
4. Contemplar o sofrimento da existência cíclica (samsara) para não ficarmos mais fascinados pelas coisas mundanas.

Já discutimos o nascimento humano precioso e a sorte que temos de estar aqui com todos os privilégios que trazemos conosco. A segunda é a impermanência, que examinaremos a seguir.

4

LEMBRAR-SE DA IMPERMANÊNCIA

> Amigos íntimos de longa data
> acabarão por se separar.
> Bens e riqueza obtidos com muito
> esforço serão deixados para trás.
> A consciência, o hóspede, sairá
> da hospedaria do corpo:
> abandonar as preocupações com esta
> vida é a prática do Bodhisattva.

É claro que esse verso vai totalmente contra a mentalidade de nossa sociedade de consumo moderna, que é muito centrada nesta vida e em como a felicidade depende de relacionamentos íntimos, sucesso, dinheiro, posses — quanto mais você tem, mais você é. O texto ressalta que nossa consciência é apenas um hóspede em um hotel. Este corpo ficará aqui apenas por um curto período de tempo. Por mais que a vida dure, no tempo cósmico ela dura menos do que um estalar de dedos. Logo o hóspede tem que sair e encontrar outro hotel. Em outras palavras, absolutamente tudo é impermanente. Isso inclui nós mesmos. Além disso, todas as coisas que acumulamos têm de ser deixadas para trás para outra pessoa, mesmo que tenhamos passado a vida inteira juntando e acumulando. No final, não importa quem sejamos, não levaremos uma única moeda conosco, nada. Não importa quantos entes queridos e amigos, discípulos ou fãs você tenha ao seu redor, nenhum deles poderá ir com você. Você está completamente sozinho. Nu. A única coisa que levamos conosco são nossas marcas kármicas. E o que temos feito a respeito disso? Dilgo Khyentse Rinpoche aponta o seguinte:

"Preocupações mundanas e comuns só trazem sofrimento e frustração nesta e na próxima vida. As aparências do *samsara* são extremamente instáveis, sempre mutáveis e impermanentes, como o relâmpagoque rompe o céu à noite. Refletir sobre a impermanência de todos os fenômenos nos ajuda a voltar a mente para o Dharma."[11]

Recentemente, li um artigo escrito por uma mulher que passou muitos anos cuidando de pacientes em asilos e de pessoas com doenças terminais longas. Ela fez uma série de observações que eram bastante comuns a todos eles. Uma delas foi a tremenda transformação que ocorreu quando eles aceitaram o fato de que iriam morrer, algo que a maioria das pessoas não quer nem pensar. Eles reconheceram que a morte existia. É claro que todos nós vamos morrer. Não é preciso ser um paciente com câncer para saber disso. Mas, normalmente, as pessoas não querem pensar no assunto. Mas esses pacientes tiveram que pensar nisso.

Isso transformou suas vidas porque começaram a reconhecer o que é importante e o que não é importante. Um dos maiores arrependimentos foi o fato de terem passado grande parte da vida trabalhando arduamente para acumular bens — casas grandes, mais carros, um cargo importante na empresa e assim por diante — em vez de dedicar mais tempo e energia ao que era realmente importante, como passar mais tempo com os filhos e com o parceiro, concentrar-se mais em questões espirituais e fazer coisas que têm importância verdadeira neste mundo. Eles haviam se deixado levar pela crença de que o que realmente importava era tocar a vida. Esse foi o principal arrependimento de todos, o que é muito interessante.

Muitos deles também se sentiram felizes por terem tido algum tempo para pedir desculpas às pessoas que haviam magoado e para dizer a seus entes queridos que realmente os amavam. Eles reavaliaram toda a sua vida, e o que importava era mais o que eles haviam feito pelo mundo do que o que o mundo havia feito por eles.

Uma das coisas boas do budismo é que se fala muito sobre a morte. Isso é importante porque, ao falar sobre a morte, o budismo nos lembra de que estamos vivos e que precisamos avaliar o que estamos fazendo com nossa vida porque não a teremos para sempre. Podemos dar mais valor a alguma coisa se soubermos que iremos perdê-la. Se acharmos que a teremos para sempre, não daremos mais o devido valor.

---

[11] Khyentse, A Essência da Compaixão, 74.

Quando eu era uma garotinha, costumava pensar que estávamos todos em uma viagem de trem e que o trem ia se despedaçar a qualquer momento, só que não sabíamos quando. Por que desperdiçamos tanto o nosso tempo olhando pela janela e dormindo? Por que não fazemos algo mais importante com o pouco tempo que temos antes de o trem se chocar? Não me lembro se fiz algo a respeito disso, mas era assim que eu costumava pensar.

É importante reconhecer que mesmo as pessoas mais próximas, que sempre estiveram conosco, um dia se separarão de nós, e não sabemos quando. O fato de amarmos alguém não significa que poderemos ficar com essa pessoa para sempre. Isso não é possível. Onde estão as pessoas pelas quais, em nossa última existência, teríamos dado nossa vida por amor? E na próxima vida existirá um elenco totalmente novo.

Passamos muito tempo tentando cultivar relacionamentos que são preciosos enquanto os temos, mas precisamos torná-los os mais harmoniosos possíveis porque eles não durarão para sempre. Além disso, as posses mundanas serão definitivamente deixadas para trás. Temos que reconhecer que tudo o que acumulamos, deixaremos para trás. Levaremos conosco apenas as sementes kármicas, nossos *samskaras*, nosso padrão mental habitual. Mas, geralmente, não nos importamos com as impressões kármicas em nossa consciência substrato. E, no entanto, essa é a nossa riqueza. É isso que poderemos levar conosco.

Neste momento, todo o nosso futuro, não apenas nesta vida, mas nas vidas futuras, está sendo decidido. Está no que fazemos com nossa mente, com nossa fala, com nosso corpo. A cada momento, momento a momento, estamos criando nosso futuro. Ninguém mais pode fazer isso por nós. Portanto, a forma como escolhemos gastar nosso tempo, na prática ou em frivolidades, e com quem escolhemos gastar nosso tempo são claramente de suma importância.

5

VALORIZAR BONS AMIGOS

> Em má companhia, os três
> venenos se intensificam,
> o ouvir, o contemplar e o meditar declinam
> e a bondade amorosa e a
> compaixão desaparecem:
> evitar amigos inadequados é a
> prática do Bodhisattva.

Novamente voltamos ao fato de que podemos ser facilmente influenciados e, se andarmos na companhia do grupo errado de pessoas, começaremos a assumir suas atitudes e a querer fazer parte do grupo. Dilgo Khyentse Rinpoche explica o seguinte:

> "Quando um cristal é colocado sobre um pano, fica da mesma cor do tecido, seja ele branco, amarelo, vermelho ou preto. Do mesmo modo, os amigos com quem você mais convive, adequados ou não, têm muita influência sobre o rumo da sua vida e da sua prática."[12]

Começamos a imitar e a adquirir maus hábitos. Sabemos muito bem que, entre os jovens, um dos motivos pelos quais muitos se envolvem com bebidas, drogas, sexo promíscuo e assim por diante não é necessariamente o fato de estarem de fato interessados. É porque eles querem fazer parte de uma gangue. Querem pertencer a ela. Por isso, entram na turma errada e se perdem. E depois fica difícil sair. Às vezes, acabam viciados ou envolvidos em sérios problemas. Portanto, temos de ser cuidadosos. O próprio Buddha disse que uma boa companhia é essencial no caminho.

Na medida do possível, procuramos estar com pessoas que nos inspiram, cujo exemplo queremos seguir, para que possamos desenvolver nossas virtudes e reduzir nossas emoções negativas. Do contrário, é di-

---

[12] Khyentse, A Essência da Compaixão, 82.

fícil. Obviamente, se nossa família não tiver uma mentalidade particularmente espiritualizada, isso não significa que tenhamos de ignorar toda a família, mas significa que não precisamos adotar seus valores. Por exemplo, se nossos familiares comem muita carne e queremos ser vegetarianos, podemos nos tornar vegetarianos. Não precisamos comer carne só porque eles têm essa preferência.

Quando eu estava na Itália, estive em um grande hospital e disse que era vegetariana. Eles nunca tinham ouvido falar disso! Então, o chef da cozinha veio falar comigo para saber o que ele poderia cozinhar. Ele disse: "Mas, por que você é vegetariana?" Como meu italiano não é bom, eu disse a coisa mais simples que poderia dizer. Citei Bernard Shaw, que era vegetariano: "Os animais são meus amigos, e eu não como meus amigos". O chef disse: "Ah! Sim, certo, certo!" e preparou uma deliciosa comida vegetariana para mim. O resto da ala ficou com muita inveja.

A questão é que não precisamos adotar os valores dos outros se acharmos que não são adequados para nós. Na verdade, muitas vezes, se continuarmos a agir com base em nosso ponto de vista e pudermos explicar em linguagem simples porque estamos fazendo isso, as pessoas se interessarão. Elas podem até nos seguir. Por exemplo, quando você é vegetariano, as pessoas começam a pensar a respeito e reconhecem que, na verdade, estão comendo animais que querem viver tanto quanto qualquer outra pessoa quer viver. Aos poucos, talvez outros membros da família se tornem vegetarianos ou, pelo menos, reduzam o consumo de carne. Isso não causa nenhum mal a eles.

Se nós não pudermos ser um exemplo, então o que faremos? Mesmo que não sejamos buddhas irradiando luz, se ao menos tentarmos ser uma pessoa íntegra, honesta e bondosa, as pessoas se sentirão atraídas por nós. Não precisamos nem dizer uma palavra. As pessoas se sentirão motivadas por nós. Essa questão da facilidade com que somos influenciados pela companhia que mantemos é importante. Na medida do possível, tentamos nos associar a amigos cujos valores e modo de vida realmente apreciamos e honramos. Não precisam ser necessariamente budistas ou mesmo estar em um caminho espiritual específico, mas são boas pessoas. Assim, começamos a imitá-los.

Devemos ter cuidado com pessoas que parecem ser simpáticas e amigáveis, mas que têm valores que não são adequados para nós. As pessoas que se preocupam apenas com dinheiro, conforto físico, comida ou relacionamentos íntimos podem ser encantadoras, mas temos de ter cuidado. Somos como pequenas mudas que precisam de proteção contra ventos fortes que podem destruí-las. Esse processo precisa ser nutrido, protegido e fertilizado. Se começarmos a borrifá-las com produtos químicos nocivos, será o fim. Ideias e pensamentos negativos são como veneno.

Às vezes, pode parecer que uma fruta é grande e bonita, mas, na verdade, ela não tem sabor e não tem vida por dentro. No convento, testamos nossos alimentos com um pêndulo. É claro que o café, o açúcar e assim por diante apresentaram resultados negativos, mas também testamos as maçãs, as laranjas e as cenouras. No caso de cenouras grandes e bonitas, ou não havia movimento ou o pêndulo oscilava em uma direção ligeiramente negativa. Depois, quando testamos alguns produtos orgânicos, o pêndulo oscilou com entusiasmo na direção de um grande sim.

Portanto, até mesmo algumas coisas que parecem ser boas por fora, na verdade, podem não ter essência. Elas não têm valor. São bonitas por fora, mas não têm nada por dentro. Como as rosas de hoje em dia: elas parecem bonitas, mas não têm perfume. Como aquelas cenouras gourmet que parecem bonitas, mas não têm gosto e nem são nutritivas. Da mesma forma, precisamos ser criteriosos com as companhias que costumamos manter porque podemos estar em um grupo em que as pessoas parecem boas e prósperas, tudo vai bem por fora, mas, na verdade, não há nada por dentro. É claro que devemos ser amigáveis com todos, sem muito julgamento, mas com discernimento. Pelo fato de sermos facilmente influenciados, devemos nos esforçar para nos deixar afetar por aquilo que é bom e que vale a pena. Isso nos leva ao verso 6 sobre os mestres espirituais.

6

CONFIAR NOS PROFESSORES ESPIRITUAIS

> Ao confiar em um verdadeiro professor
> espiritual, as falhas diminuem
> e as qualidades positivas aumentam
> como a lua crescente:
> considerar o professor mais precioso
> do que o próprio corpo
> é a prática do Bodhisattva.

Enquanto o verso 5 tratava de pessoas que são más companhias para nós, este verso trata dos bons amigos. Os melhores amigos são os buddhas, os bodhisattvas e os professores espirituais. Obviamente, eles são o tipo de companhia com a qual devemos nos relacionar. Mas "verdadeiros amigos espirituais" não se refere apenas a esse tipo de pessoa. Significa também outros companheiros no caminho, seja qual for o caminho que estejam trilhando (caso seja um bom caminho), e que, portanto, demonstram a bondade genuína para nós.

Sua Santidade o Dalai Lama sempre fala sobre cultivar um bom coração e é isso que estamos tentando fazer aqui. Portanto, devemos tentar nos associar o máximo possível com pessoas de bom coração porque elas nos lembram de como agir em situações em que não estamos nos sentindo muito benevolentes. Dessa forma, podemos nos aprimorar mais e mais. Trata-se de mudar e melhorar. Temos de nos cercar — ou pelo menos nos associar sempre que possível — de pessoas que exemplifiquem o que estamos buscando e nos lembrem de como podemos ser.

É útil estar com pessoas que valorizam as coisas que valorizamos e que estão se esforçando sinceramente para abandonar suas qualidades negativas e cultivar qualidades positivas. É especialmente útil associar-se àqueles que estão muito mais adiantados no caminho do que nós e que serão uma grande inspiração para nós.

Por que tantas pessoas adoram o Dalai Lama? Porque ele exemplifica perfeitamente como um ser humano genuíno deveria ser — o que todos gostariam de ser. Ele é um homem não apenas de grande sabedoria e compaixão, mas também de grande integridade. Ao passar por uma fila de pessoas, ele olha em seus olhos, pega suas mãos por dois segundos e suas vidas são transformadas. Porque, naquele momento, elas não apenas encontram um genuíno bodhisattva em carne e osso, mas são olhadas por alguém que as aceita completamente como são e as ama incondicionalmente. Quem quer que sejam, eles sabem disso. Sua Santidade não se importa com quem você é. Ele apenas olha diretamente para o seu buddha. Ele simplesmente olha diretamente para sua natureza de Buddha e reconhece isso. É por isso que até mesmo um breve encontro é tão poderoso, mesmo que dure apenas dois segundos. Podemos estar com outras pessoas por horas e não sentir nada particularmente significativo, mas Sua Santidade e os grandes lamas ou outros seres espirituais desse calibre têm um grande impacto sobre as pessoas porque são muito genuínos.

O Buddha disse: "O que eu penso eu digo, e o que eu digo eu faço. Isso eu posso afirmar". Que integridade perfeita! Na medida do possível, devemos não apenas tentar exemplificar isso em nossa própria vida, mas também nos associar a bons amigos porque eles sempre nos lembrarão de nosso próprio potencial e para onde estamos indo. Às vezes, quando apenas lemos essas coisas em livros, elas se tornam um pouco distantes, muito distantes. Mas quando realmente vemos alguém que incorpora essas qualidades, reconhecemos que isso é possível para nós também — eles são seres humanos, eu sou um ser humano. Por que não?

Logo que os tibetanos exilados chegaram à Índia, havia muitos grandes lamas que haviam sido treinados no Tibete e que eram bastante tradicionais. Eles não falavam inglês e a maioria dos ocidentais que os visitava naquela época não falava tibetano. Não havia muito o que fazer. Você simplesmente ficava ali sentado. Mas isso era tudo o que era necessário. As pessoas encontravam esses mestres e pensavam: "Bem, eu não sei no que você acredita, mas vou seguir em frente", porque esses lamas eram a personificação de um ser humano perfeito. A personificação de nosso próprio grande potencial estava sentada à nossa frente, sorrindo. Sem dizer nada. Sem fazer nada. Apenas sendo. E isso era suficiente.

Muitos devotos hindus têm o costume do *darshan*, que significa "ver". No darshan, você entra no templo, senta-se lá e olha para o guru.

O guru não faz nada. Ele apenas fica sentado lá, sendo o guru. Se for um mestre genuíno, isso é suficiente. Mas há muitos charlatões também.

"Ao confiar em um verdadeiro professor espiritual, as falhas diminuem e as qualidades positivas aumentam como a lua crescente" significa que, se estivermos sob a orientação de um professor genuíno, esse professor nos ajudará apontando nossos defeitos e incentivando nossas virtudes. Ele pode não necessariamente falar sobre nossos defeitos, mas, de alguma forma, criará situações em que nossos defeitos virão à tona e poderemos vê-los. Nesse tipo de atmosfera acolhedora, é como estar em uma estufa onde as plantas crescem muito melhor porque estão em um ambiente preparado para favorecer seu crescimento.

Mas, mesmo que não aconteça de termos um professor espiritual específico neste momento, ainda podemos cultivar o encontro com pessoas inspiradoras e que incorporam genuinamente os ensinamentos. E mesmo que não tenhamos um relacionamento pessoal, o simples fato de estarmos em sua presença pode ser útil. Novamente, em um plano mais relativo, também podemos tentar ser seletivos com nossos amigos comuns e (na medida do possível) estar com pessoas que compartilham os mesmos valores. Caso contrário, como eu disse, seremos mal influenciados e poderemos nos envolver em muitos problemas.

O professor espiritual no budismo tibetano é considerado importante porque, como acontece com qualquer habilidade, se quisermos aprender corretamente, é melhor ter um professor. Se quisermos ser músicos, aprender a jogar futebol ou críquete, ou entender de computadores, obviamente é melhor ter um professor treinado que possa nos dizer o que fazer e o que não fazer. Isso não apenas torna o aprendizado mais rápido, mas também evita que criemos todos os tipos de hábitos ruins dos quais não temos consciência e que, mais tarde, criarão um grande obstáculo para realmente aperfeiçoarmos nossa habilidade. Por outro lado, se no início tivermos um bom professor que diga "Não, não faça dessa forma, faça assim" ou que nos incentive quando fizermos as coisas corretamente, não cometeremos tantos erros e faremos um progresso muito mais rápido. Além disso, desenvolveremos mais confiança de que estamos fazendo as coisas corretamente.

Se isso é verdade para o aprendizado de habilidades práticas, o que dizer de realmente compreender e transcender a mente conceitual? Precisamos de orientação para intuir a natureza da mente e depois estabilizar essa percepção. Também precisamos de alguém que evite que nos deixemos levar quando surgirem experiências e acharmos que já estamos iluminados. Precisamos de um professor. Dilgo Khyentse Rinpoche comenta:

> "Todos os grandes praticantes do passado alcançaram a iluminação seguindo um professor espiritual. Eles iniciavam a busca ouvindo os feitos de diferentes mestres. Quando as histórias de um determinado professor eram especialmente inspiradoras, antes de se comprometer, eles examinavam à distância as qualidades daquele mestre. Uma vez que sentissem total confiança nele, iam à sua presença, serviam-no e, sem hesitação, colocavam em prática quaisquer instruções que recebessem dele."[13]

É difícil alcançar a iluminação por conta própria. Na verdade, é muito, muito difícil; não dá para aprender apenas com livros. Os livros podem nos ajudar a começar e, hoje em dia, muitos ensinamentos podem ser baixados da Internet, mas isso nunca substituirá um relacionamento pessoal com um professor, se for possível. O problema é conseguir isso. Encontrar professores que sejam genuinamente qualificados não é tão fácil. Mesmo que seja um professor genuíno, geralmente ele tem toda uma organização ao seu redor para protegê-lo de receber qualquer pessoa, e ele percorre o mundo todo constantemente estabelecendo seus centros de Dharma. De fato, é um grande desafio. Muitas pessoas vêm até mim reclamando porque não têm um professor. E outras vêm se queixar porque têm um professor.

Portanto, é difícil e pode ser um campo minado. Mas para aqueles que são genuinamente sérios, é útil ter orientação pessoal no caminho, se puder encontrá-la, porque sem um professor o processo de transformar nossa mente samsárica comum em uma mente búdica é incrivelmente difícil. De fato, é quase impossível. Mas, nesse meio tempo, isso não significa que tenhamos que ficar sentados esperando que o lama perfeito apareça. Costumo dizer às pessoas: "Com respeito a uma mente descontrolada, o que se pode fazer?" Mesmo que o próprio Buddha es-

---

[13] Khyentse, A Essência da Compaixão, 85.

tivesse sentado à nossa frente, tudo o que ele poderia dizer é "pratique". Isso todos nós podemos fazer.

Imagine que a mente é como um cavalo selvagem. Embora seja absolutamente selvagem, ainda assim tem potencial; é um bom cavalo. Mas quando queremos que ele vá para este lado, ele vai para aquele. Quando queremos que ele suba, ele desce. Qualquer pessoa que tenha se sentado em meditação por cinco minutos sabe do que estou falando. A mente é como um cavalo selvagem, mas tem grande potencial para ser treinada. Entretanto, não podemos treinar um cavalo selvagem sem antes domá-lo. Domá-lo significa acalmá-lo, ganhar confiança e interesse no que queremos que ele faça. Ele se torna amigável, cooperativo e receptivo. Aí, sim, podemos começar a treiná-lo. Podemos ensinar o cavalo a fazer qualquer coisa dentro das capacidades possíveis para um cavalo, uma vez que ele tenha se convencido de que quer cooperar. Mas enquanto ele não quiser colaborar, não conseguiremos treiná-lo.

O mesmo acontece com a mente. Começamos com a prática de *shamatha* para permitir que a mente se aquiete e se torne calma e unifocada. Em tibetano, isso é chamado de *lesu rungwa*, que significa "funcional". Tornamos a mente funcional, flexível e cooperativa. Ninguém pode fazer isso por nós e, para o professor, é uma perda de tempo esperar enquanto tentamos colocar nossa mente em algum tipo de condição em que ele possa realmente nos ensinar. Isso nós podemos fazer por nós mesmos. Acalmar a mente, torná-la mais clara, mais atenta. Desenvolver as qualidades de estar atento e internamente vigilante, alerta — saber o que está acontecendo na mente. Ter o poder da atenção de modo que, se quisermos ficar aqui, a mente simplesmente descansará aqui em vez de ir para qualquer outro lugar. Isso leva tempo e requer paciência e perseverança. Quer tenhamos ou não professores, todos nós podemos aprender a domar a mente. Quando a mente estiver domada, aí então ela poderá ser treinada.

Praticar até mesmo os yogas tantras mais elevados (Anuttara Yoga) com uma mente distraída é uma perda de tempo. Lamento, mas isso não nos levará a lugar algum. Para que nossas práticas funcionem, a mente precisa se fundir completamente com a prática e se unir a ela. Caso contrário, nos comprometeremos com a prática e a mente tentará fazer contato por alguns segundos, mas depois a atenção se desviará novamente. E isso não vai dar muito resultado.

Portanto, o primeiro passo é aprender a tornar a mente funcional. Isso, por si só, já é um grande progresso; nós podemos fazer isso. Ninguém mais pode fazer isso por nós. Todos nós temos que nos esforçar para isso. No entanto, como disse um grande lama: "Se você tiver uma boa prática de shamatha, o restante do Dharma estará na palma de suas mãos". A mente se fundirá com o que estivermos fazendo e os resultados virão rapidamente. Caso contrário, como dizem os livros — se não tivermos uma mente concentrada, mesmo que recitemos mantras por um milhão de eras, os resultados não virão. Se pensarmos bem, isso é óbvio. Todo mundo está muito interessado em todas essas práticas elevadas, mas que não conseguimos realizar adequadamente porque a base não está lá. É como querer construir um telhado de ouro onde não há alicerce nem paredes.

Quando tivermos estabelecido a fundação e tivermos uma prática diária consistente, então nos beneficiaremos da orientação de um professor que possa nos ajudar a aprofundar nossa prática por meio de sua sabedoria experiencial do caminho. Não faz sentido repetir os erros que muitos outros cometeram ao longo do caminho, nem tomar atalhos desnecessários. O professor nos ajuda a evitar erros, mostra-nos o caminho direto a ser seguido e nos mantém no rumo certo. Essa é uma questão prática. O professor nos poupa tempo e esforço desnecessários. Embora ainda tenhamos que percorrer o caminho sozinhos, será muito mais difícil sem um guia experiente.

7

TOMAR REFÚGIO

> A quem os deuses mundanos
> podem proteger,
> se também estão presos no samsara?
> Tomar refúgio nas Três Joias,
> que nunca abandonam aqueles a quem
> protegem, é a prática do Bodhisattva.

Os versos anteriores estavam basicamente nos apresentando o problema e, agora, vem a solução. Essa é a situação em que nos encontramos, então como podemos sair dela? Novamente, Dilgo Khyentse Rinpoche resume a questão:

> "Naturalmente, as pessoas buscam refúgio em alguém ou algo que as proteja da tristeza e do tormento. Alguns procuram pessoas poderosas com a intenção de obter riquezas, prazer e influência. Outros procuram proteção em forças naturais, como as estrelas ou as montanhas. Outros, ainda, procuram alento no poder dos espíritos. No entanto, nenhum desses objetos de refúgio inadequados está livre da ignorância e do samsara e, dessa forma, não podem prover o refúgio último. Caso eles tenham alguma compaixão, é parcial e limitada."[14]

Mais adiante, Rinpoche explica que o verdadeiro refúgio só pode ser oferecido "por algo que, em si, seja totalmente livre: livre das amarras do samsara e da paz limitada e parcial do nirvana."[15] De acordo com os ensinamentos, essa qualidade do verdadeiro refúgio só pode ser encontrada nas Três Joias — o Buddha, Dharma e Sangha — , "que possuem sabedoria absoluta, compaixão imparcial e habilidade desimpedida."[16]

---

[14] Khyentse, A Essência da Compaixão, 88.
[15] Idem.
[16] Idem.

Em muitas partes do mundo, as pessoas demonstram dois tipos de devoção: a religião oficial e aquilo em que a maioria das pessoas de fato acredita. Podemos ver isso aqui na Índia, por exemplo, no hinduísmo, onde há os deuses mais elevados, como Shiva, Krishna, Saraswati e assim por diante e, depois, há os chamados deuses locais.

Himachal Pradesh, por exemplo, está repleto de deuses locais que podemos ou não ver. Cada vilarejo tem seu deus local. Na cidade de Mandi, na época do Shivratri (as noites de Shiva), todos os deuses locais, cerca de 150 deles, se reúnem dos vilarejos locais em Mandi. Todos esses deuses geralmente são parentes uns dos outros — são primos, irmãos, irmãs, portanto, ficam muito felizes ao se encontrarem. Eles são carregados em palanquins, que se assemelham a macas, mas têm varas apoiadas nos ombros dos devotos do sexo masculino. As divindades em si são apenas rostos feitos de bronze. Às vezes, as especiais são de prata. Em geral, os rostos são pacíficos, ocasionalmente um pouco irados. As deidades principais e as que as acompanham são envoltas em sedas e brocados. Esses palanquins às vezes balançam e pulam como se fossem animados pelo devata. Os homens da aldeia carregam e sopram chifres longos e, às vezes, as pessoas dançam. De qualquer forma, esses são os devatas.

Essas são as divindades locais inferiores que têm o compromisso de proteger os vários moradores, especialmente os que lhes são devotos. Normalmente, o devata tem alguém que atua como médium e o canaliza para que as pessoas possam recorrer a ele com perguntas e problemas. Eles respondem e, se puderem, dão conselhos, proteção ou ajuda.

Entretanto, em última análise, o que eles podem fazer? Eles próprios estão presos no samsara. Eles podem tentar oferecer alguns benefícios mundanos se forem agradados e se sentirem satisfeitos. Também podem ficar com raiva. Quando começamos a fundar nosso convento, nos primeiros anos tivemos vários casos em que nossas monjas foram possuídas pelos espíritos locais de seus vilarejos, que não queriam que elas se tornassem monjas budistas, e elas ficaram realmente muito mal.

A mãe de uma monja, por exemplo, teve uma gravidez difícil e com complicações, por isso a família fez oferendas ao devata local e, como resultado, ela nasceu bem. Então, o devata disse: "Agora ela pertence a mim, portanto, deve me servir". Essa garota teve que ir ao santuário local e ajudar nos rituais de puja. Mas, quando ela saiu para se tornar monja, o deus local ficou aborrecido. Ele disse que ela não poderia recorrer ao Buddha porque pertencia a ele. Então, aparentemente, ele a possuiu e ela passou a agir de forma estranha. E isso criou muitos problemas. No final, tivemos que fazer uma cerimônia para agradar o devata, mas acabamos tendo que mandá-la de volta para casa.

Há muitos desses deuses inferiores e que são espiritualmente mais elevados. Eles podem ser considerados superiores pelo fato de não terem um corpo e possuírem um certo grau de clarividência, mas são muitas vezes invejosos e orgulhosos e se irritam facilmente. De fato, são bastante temperamentais — apegados a quem gostam e desagradáveis com quem não gostam. Em outras palavras, são seres do samsara.

A razão pela qual as pessoas os reverenciam é porque eles são fáceis de serem acessados. Não é difícil construir um relacionamento com eles, diferentemente dos buddhas e bodhisattvas ou Shiva e Vishnu ou mesmo Jesus Cristo, porque eles estão muito além de nós. É mais difícil sentir o cuidado deles. Por outro lado, essas divindades locais estão bem próximas de nós e é possível ter um relacionamento com elas. Na Tailândia, cada jardim tem uma casa espiritual para o devata local, e tenho certeza de que na América do Sul, África ou Austrália, as pessoas também se relacionam com essas entidades; é um fenômeno mundial. Mas eles são seres samsáricos, fazem parte deste sistema de mundos.

Portanto, tomar refúgio — depositar nossas esperanças e confiança — em um ser samsárico como esse é um grande erro, pois ele não pode nos ajudar a ir além do samsara. Tudo o que eles podem fazer é, às vezes, nos ajudar, dependendo de nosso karma, em questões mundanas. Há uma prática muito difundida em todo o Himalaia de adoração a esses espíritos locais. Em Lahaul, a região do Himalaia onde morei por muitos anos, todos faziam rituais budistas, mas muitas pessoas também realizavam os rituais xamânicos dos espíritos e deuses locais. Portanto, esse verso não é apenas algo que era relevante há oitocentos anos, mas que deixou de ser. As pessoas ainda confiam em práticas que visam a retornos rápidos. Comparativamente, as Três Joias parecem muito distantes.

Mas devemos nos lembrar de que as Três Joias não servem apenas para nos ajudar a passar nas provas ou para melhorar nossas relações doentias. O propósito vai além disso: é nos libertar do samsara. Somente os seres que estão além do samsara podem nos ajudar a também transcendê-lo. Os seres que ainda estão presos no samsara não podem fazer isso. Como diz o verso,

> A quem os deuses mundanos podem proteger,
> Se também estão presos no samsara?[17]

Esses deuses mundanos, na verdade, estão aprisionados; eles não são livres. Como podem nos dar a chave para sairmos quando eles mesmos ainda estão trancados lá dentro?

> Tomar refúgio nas Três Joias,
> que nunca abandonam aqueles a quem protegem,
> é a prática do Bodhisattva.[18]

"Nunca abandonam aqueles a quem protegem" não significa que se estivermos tendo problemas com nossos negócios e rezarmos para as Três Joias, vamos ganhar clientes. O que significa é que, se acreditarmos sinceramente em Buddha, Dharma e Sangha e praticarmos com sinceridade, esse refúgio não nos decepcionará. Nossa prática definitivamente florescerá. Nossa capacidade de nos aproximarmos cada vez mais de uma mente liberada certamente melhorará. O Dharma — por ser a verdade — não pode nos decepcionar, mas nossa própria prática do Dharma pode.

O Dharma em si não pode falhar porque é como as coisas realmente são. Ele não nos abandonará porque a proteção que o Buddha, o Dharma e a Sangha oferecem é para a mente. A maneira como eles protegem nossa mente é explicada nos versos a seguir, que tratam de como usar as circunstâncias adversas que provavelmente encontraremos no samsara e transformá-las em oportunidades de prática. Essa é a proteção da mente, pois ela nunca poderá ser destruída. Porque temos os métodos pelos quais sempre poderemos superar, transcender e transformar as dificuldades que encontrarmos. Essa é uma das maneiras pelas quais as Três Joias são uma proteção para nossa mente.

Se praticarmos sinceramente de todo o coração, seremos capazes de lidar até mesmo com a coisa mais terrível que poderia nos acontecer. De fato, essa pode ser a abertura que todos nós estávamos procurando. Não é que o Buddha em pessoa aparecerá brandindo uma espada para

---

[17] Khyentse, A Essência da Compaixão, 87.
[18] Khyentse, A Essência da Compaixão, 87.

derrotar todos os nossos inimigos, mas se nós mesmos transformarmos nossa mente a partir de dentro, não teremos inimigos e, dessa forma, estaremos protegidos.

Portanto, a base do caminho budista é tomar refúgio. Atualmente, muitas pessoas praticam técnicas budistas, especialmente a meditação tonglen, e leem muitos livros do Dharma sem de fato se tornarem budistas. Isso é bom porque uma das belezas do caminho budista é que ele pode ser adaptado às necessidades individuais. Ele pode até ser usado para baixar a pressão arterial, reduzir os níveis de estresse e fazer com que as pessoas se sintam um pouco melhores. Isso é maravilhoso, mas não é disso que se trata o Dharma.

O Dharma não serve apenas para nos fazer sentir melhores — na verdade, no início, pode até nos fazer sentir piores. Mas o Dharma nos ajuda a superar os venenos internos da mente, a nos conectarmos com nossa verdadeira natureza e a nos tornarmos livres. A nos libertar para que sejamos realmente capazes de beneficiar outros seres. Ele nos ajuda a ir além dessa auto-absorção egoísta na qual a maioria de nós está submersa. Além de as ideias budistas poderem ser usadas como uma boa terapia, elas também podem ser usadas como um apoio para outros caminhos espirituais. Muitos cristãos (inclusive padres e freiras) praticam a meditação budista e isso os torna melhores cristãos porque relaxam a mente, o que os torna mais abertos aos outros, e despertam a compaixão e a devoção em seus corações. Isso é maravilhoso e é por isso que todos nós nos alegramos. Isso nos ajuda a nos tornarmos pessoas melhores e é isso que é importante.

No entanto, de uma perspectiva budista, o primeiro passo é a crença e a confiança no Buddha, no Dharma e na Sangha. O que isso significa? Bem, tradicionalmente, o Buddha é considerado o médico supremo, o médico definitivo, porque todos nós estamos envenenados por nossas emoções negativas, especialmente pela ganância e apego, raiva e aversão, inveja e orgulho, juntamente com a qualidade subjacente de falta de compreensão delusória: a ignorância. Não reconhecemos quem realmente somos. Falaremos mais sobre isso mais adiante, mas o apego subjacente a uma falsa identidade — àquilo que não somos — e o fato de não reconhecermos quem realmente somos é a causa de todos esses outros venenos. Estamos adoecidos por emoções aflitivas e é por isso que nem sempre estamos transbordando de felicidade.

Então, Buddha diz: "Sim, você está tendo uma grande crise, mas há uma razão para estar tão doente". A causa subjacente é a mente que se agarra, se prende e se apega, baseada na percepção errônea de nossa identidade, que cria muitos problemas. O Buddha disse que o sofrimento é o nascimento, a velhice, a doença e a morte, bem como o fato de não conseguirmos o que queremos e recebermos o que não queremos. De fato, é todo o dilema de viver sendo jogado para cima e para baixo no oceano da existência chamado samsara.

Se o Buddha tivesse deixado por isso mesmo, dizendo: "Bem, o problema é seu porque você se apega demais", então, de fato, o budismo seria pessimista. Mas, é claro, isso não aconteceu. Ele disse: "Boas notícias! Na verdade, você está perfeitamente saudável e, além disso, há uma cura!" Há tratamento que poderíamos seguir e nos tornaríamos tão saudáveis que seria difícil de acreditar. A terapia é o nobre caminho óctuplo que, basicamente, abrange todo o Dharma. O Buddha é como um médico.

Se estivermos realmente doentes, não queremos ir a um médico que diga que não há nada de errado conosco porque sabemos que há algo de errado, caso contrário, não teríamos ido ao médico. Mas se o médico nos disser a razão pela qual estamos doentes e nos garantir que há uma cura e que, se seguirmos o tratamento, ficaremos cada vez mais saudáveis, então seremos gratos a esse médico. Aqui, o Dharma é o remédio que tomamos e que ajuda a nos curar.

A palavra *Sangha* tem basicamente três níveis de significado. O primeiro é o *arya*, ou Sangha Nobre, que compreende aqueles — sejam monásticos ou leigos — que de fato obtiveram uma percepção genuína da realidade. Na tradição tibetana, essa é a realização da vacuidade ou *shunyata*. Nesse momento, a pessoa se torna um arya, ou nobre. Essa é a Sangha à qual recorremos em busca de refúgio porque eles sabem o que estão fazendo. Eles são como enfermeiros que foram treinados. Eles não são qualificados como médicos, mas têm bastante experiência e podem ajudar em nosso tratamento.

O segundo nível da Sangha compreende os monásticos, ou seja, todos aqueles que são ordenados e recebem votos como monges ou monjas. O terceiro nível é a Maha Sangha, ou Grande Sangha, a comunidade quádrupla de monges completamente ordenados, monjas completamente ordenadas, leigos e leigas. Buddha falou muito sobre a Sangha quádrupla e disse que para que um país seja genuinamente budista, ele deve contar com a Sangha quádrupla porque, quando a Sangha monástica é combinada com os seguidores leigos, ela é estável como uma mesa com quatro pés.

Um dos argumentos para introduzir a ordenação completa de monjas no budismo tibetano, bem como na Tailândia, Mianmar e assim por diante, é que, de acordo com a classificação do próprio Buddha, os países não são realmente considerados budistas se tiverem apenas três dos quatro componentes necessários para formar uma Maha Sangha. Se não tiverem monjas totalmente ordenadas, eles não são, no que diz respeito à essa classificação, países genuinamente budistas.

Tomar refúgio no Buddha, no Dharma e na Sangha é uma cerimônia que existe desde a época do próprio Buddha. Repetidamente, no cânone pali, quando as pessoas se dirigem ao Buddha em busca de conselhos e respostas para suas perguntas, o texto termina com a afirmação: "Daqui até o momento em que minha existência chegar ao fim, eu tomo refúgio no Buddha, tomo refúgio no Dharma, tomo refúgio na Sangha". Em todos os países budistas, desde a época do cânone pali até os dias de hoje, os três refúgios ainda são recitados, geralmente no início de qualquer cerimônia.

Portanto, no budismo, tomamos refúgio, e isso pode nos lembrar de colocar o Dharma no centro de nossa vida em vez de deixá-lo na periferia, praticando apenas quando temos um pouco de tempo livre. Praticamos o Dharma em tudo o que estamos fazendo. Não se trata de algo abstrato que fale de uma filosofia mais elevada ou de níveis avançados de meditação. Em vez disso, é um texto bonito e útil que lida com os tipos de situações, problemas e desafios que surgem na vida cotidiana e ensina como transformá-los em prática do Dharma, respondendo de uma forma genuinamente hábil que pode nos ajudar a transformar nossa mente-coração.

Como foi mencionado na introdução, esses tipos de ensinamentos vieram de Atisha, que percebeu que os ensinamentos tântricos avançados provavelmente não eram muito apropriados para o tipo de mente que os tibetanos tinham naquela época. O que eles precisavam era voltar aos princípios básicos novamente e aprimorar suas atitudes e motivação. Por isso, ele enfatizou o refúgio e a bodhichitta. Atisha fundou a tradição Kadampa e os professores subsequentes também enfatizaram esses princípios básicos repetidas vezes. É como uma massa dura que temos que sovar bastante até que se torne macia e flexível e esteja pronta para ser usada. Nossa mente é como essa massa dura e precisamos continuar praticando até que ela se torne mais leve, flexível e maleável.

DAR VALOR À VIRTUDE

> Buddha ensinou que o sofrimento
> insuportável dos reinos inferiores
> é o fruto das ações não-virtuosas.
> Portanto, jamais cometer desvirtudes,
> ainda que isso lhe custe a própria
> vida, é a prática do Bodhisattva.

Esse verso trata do karma. O karma é o terceiro dos quatro pensamentos que direcionam a mente para o Dharma. Hoje em dia, parece que o karma é um problema para algumas pessoas. Na verdade, fiquei chocada ao assistir à conferência de professores budistas ocidentais de todas as escolas nos Estados Unidos. Em um determinado momento, foi feita a seguinte pergunta: "Quantos de vocês acreditam em karma e renascimento? Quantos acreditam em outros reinos de existência?" Menos da metade daqueles professores budistas declarou acreditar em renascimento ou karma. No entanto, se uma pessoa não acredita nem mesmo em renascimento, o caminho budista inteiro não faz sentido. O Dharma fica basicamente reduzido a uma terapia para tornar esta vida mais tolerável. Com uma visão tão estreita, não há lugar para a bodhichitta.

Dito de maneira simples, a visão budista é a de que — em nível convencional ou relativo — todos nós já passamos por milhares, se não milhões, de renascimentos em todos os reinos que pudermos imaginar. Não apenas como seres humanos, mas também como animais, nos reinos de espíritos, reinos superiores e reinos inferiores. Devemos nos lembrar de que, se encontrássemos com nós mesmos em nossa última vida, não nos reconheceríamos de forma alguma. Não é este eu que renasce.

Se pudéssemos ver a nós mesmos na próxima vida, quem seríamos? Eu seria um ser completamente diferente, mas esse ser também estaria pensando: *"eu"*. Não precisamos nos agarrar com muita força a essa identidade pessoal. Há apenas um fluxo de consciência que segue adiante e que, enquanto acreditarmos em um eu, será infinito. Certa vez, uma pessoa perguntou: "Bem, mas como podemos acabar com isso, já que estamos sempre realizando ações com nosso corpo, fala e mente?" A mestra explicou isso usando um mala, ou rosário de contas. Segurando uma conta, ela disse: "Tudo bem, fazemos esta ação pensando 'eu fiz isso' e, então, essa conta puxa a conta seguinte, que puxa a conta seguinte; elas continuam se sucedendo, uma após a outra, após a outra. Então, o que fazer? Obviamente precisamos cortar o fio e, assim, puxaremos uma conta, mas as outras contas não se moverão. Elas simplesmente são deixadas para trás. O fio é a crença em um eu que realizou a ação".

Enquanto acreditarmos *eu consegui isso, fiz aquilo, disse aquilo outro*, esse será o fio que dará continuidade ao karma. Isso é importante porque é a razão pela qual, no budismo, podemos nos libertar. Quando percebemos a vacuidade de nossa falsa identificação com a noção de eu e meu — a aranha no meio da teia —, embora possamos agir de forma bonita, apropriada e espontânea, como fazem os buddhas e os grandes bodhisattvas, não há um eu no centro. O karma não está sendo criado. O karma, ou ação, depende de um agente. Enquanto acreditarmos que estamos fazendo algo, haverá sementes sendo plantadas e, se pensarmos em todas as nossas infinitas vidas passadas, já fizemos de tudo. Boa, ruim, neutra — todo tipo de coisa.

Assumimos muitos papéis em muitas vidas e todas as sementes de nossas ações intencionais de corpo, fala e mente foram se acumulando no que é chamado de "consciência substrato", de modo que, quando chegar a hora, quando as causas e condições se reunirem, certas sementes brotarão. Não sabemos quais sementes, nem quando, nem como. Mas isso nunca é arbitrário; sempre há causas e condições — coisas que fizemos em algum momento. É por isso que coisas ruins acontecem a pessoas boas e coisas fantasticamente boas acontecem a pessoas realmente terríveis. Não é que haja alguém lá em cima nos julgando e distribuindo recompensas e punições. O que acontece é que, em determinados momentos, certas coisas acontecem em função de causas anteriores.

Não podemos fazer muito a respeito disso. Podemos fazer algumas práticas de purificação, mas há uma infinidade de sementes a serem purificadas. Talvez a melhor prática de purificação seja trazer o que quer que aconteça para o caminho. A cada momento, estamos criando nosso futuro pela forma como respondemos ao que está acontecendo neste momento. É como um tapete que tecemos incessantemente.

Às vezes, como resultado de uma reação positiva a circunstâncias difíceis, transformamos o que parece ser algo negativo em algo positivo. De um ponto de vista simplista, dizemos "bom" e "ruim" porque achamos que bom é quando as coisas acontecem de acordo com nossos desejos e ruim é quando não acontecem. Mas, na verdade, de um ponto de vista mais amplo, é difícil saber o que é bom e o que é ruim.

Muitas vezes, as pessoas olham para trás em suas vidas, se lembram de momentos de grande dificuldade e desafio, como doença, perda de um ente querido ou uma demissão, e percebem que aquilo foi um toque de despertar. Foi quando encontraram sua força interior para lidar com a situação e percebem que, mais adiante, aprenderam muito e hoje são gratas por aquele momento.

Durante todos os bons momentos, embora sejam agradáveis, a pessoa tende a flutuar livremente e não faz muito esforço para mudar. Muitas vezes, é mais difícil trazer os bons momentos para o caminho do que os maus momentos. Portanto, até mesmo os reinos celestiais mais elevados são considerados um beco sem saída espiritual simplesmente porque não há desafio. Quando tudo já está indo tão bem, por que se preocupar em fazer algum esforço?

Portanto, quando o texto fala aqui sobre karma bom e karma ruim, temos que entender que isso se refere a um sentido convencional. No entanto, quando surgem dificuldades, especialmente doença e pobreza e os muitos problemas que aparecem em nossas vidas, elas são o resultado de ações negativas que foram realizadas nesta vida ou em vidas anteriores. Agora essas sementes brotaram e, portanto, precisamos reagir com habilidade e trazê-las para o caminho. Assim, esse karma negativo se transforma em karma positivo.

Uma amiga que era uma freira australiana, bem jovem, teve um câncer de mama que a levou à morte. Ela disse que certa vez estava sentada sentindo muita pena de si mesma e pensando: *Por que isso aconteceu comigo? Ela levava uma vida saudável, comia todos os alimentos corretos, tinha pensamentos bons, então por que aquilo estava acontecendo?* Então, ela disse que teve uma espécie de visão acordada em que era homem e sentiu que era um soldado das Cruzadas, usando uma túnica branca com uma grande cruz vermelha, e estava de pé sobre o corpo de um soldado prostrado, o inimigo, apontando uma grande espada para o coração dele. O homem implorava por sua vida. Ela sabia que tinha uma escolha: poderia perdoá-lo ou matá-lo. Então, ela enfiou a espada diretamente no coração dele. Ela retomou a consciência e sentiu que sua pergunta havia sido respondida. Independentemente de ter sido assim ou não, o fato é que, ao longo dos tempos, milhares ou até milhões de pessoas mataram outras pessoas e animais. Do ponto de vista kármico, precisamos aceitar as consequências dessas ações.

O importante é não nos preocuparmos com o que vai acontecer conosco, mas criarmos força interior para lidar com o que quer que aconteça. Seremos capazes de trazer tudo para o caminho. Algo que externamente parece negativo pode, internamente, ser exatamente o que precisamos para ajudar e apoiar nossa prática.

Isso é muito importante e esse é o tema deste texto. É como ir a uma academia de ginástica quando estamos fora de forma. Todos aqueles aparelhos são projetados para desafiar nossos músculos. Se forem muito fáceis, fazemos ajustes para torná-los mais difíceis, para torná-los mais desafiadores; caso contrário, como nos fortaleceremos?

Da mesma maneira, praticamos o Dharma porque precisamos nos fortalecer. Não adianta ficar dizendo a nós mesmos: *Ah, isso é impossível. Não consigo fazer isso, sou muito fraca.* É por sermos fracos que precisamos desses textos, para nos ajudar a desenvolver esses músculos espirituais internos, para que possamos lidar com o que quer que nos aconteça. Assim, não há esperança nem medo, porque poderemos trazer o que acontecer para o caminho.

É disso que se trata o lojong: desenvolver a confiança e as qualidades que nos ajudarão com o que quer que aconteça em nossas vidas como prática. Em vez de ficarmos nos lamentando, reclamando e sentindo pena de nós mesmos, apreciamos o fato de que essa é a nossa oportunidade de praticar adequadamente. É inútil ser um budista que pratica quando o sol está brilhando e foge para se proteger assim que começa a chover.

> Buddha ensinou que o sofrimento insuportável dos reinos inferiores
> é o fruto das ações não-virtuosas.[19]

Os reinos inferiores são os reinos dos infernos, os reinos dos espíritos insatisfeitos e os reinos dos animais. Como Shantideva apontou no *Bo-*

---

[19] Khyentse, A Essência da Compaixão, 95.

dhicharyavatara: "Quem criou os pisos incandescentes e os demônios que torturam os seres que vivem lá? Tudo isso é criado pela mente distorcida."

Vivemos em um mundo formado por nossas próprias projeções. Quando estamos felizes, tudo é ensolarado. Quando estamos deprimidos, o mais brilhante dos dias é sombrio. Embora tenhamos uma base física aparente (que, de acordo com a física quântica, não é física nem tão aparente quanto supomos), nossas projeções são totalmente subjetivas. Como seres humanos, estamos todos igualmente equipados com certos tipos de órgãos dos sentidos e consciência, de modo que há um consenso sobre como as coisas são, apesar das distorções de nossas reações emocionais. Duas pessoas podem ir ao mesmo lugar e vivenciar versões completamente diferentes da situação, dependendo de seus estados mentais. Mas nos reinos não físicos, que incluem os reinos dos infernos, tudo depende do estado de nossas mentes, o que significa que projetamos nosso estado psíquico externamente e, em seguida, reagimos a ele.

Na verdade, se lermos determinados sutras, parece que para tudo o que fazemos existe um reino infernal. Certa vez, fui até meu lama, Khamtrul Rinpoche, e disse: "Não é possível que para tudo exista um reino dos infernos!" Rinpoche riu e respondeu: "Ah, bem, nós só escrevemos assim para assustar as pessoas e fazer com que sejam boas!" Ele disse que, na verdade, é difícil entrar nos reinos dos infernos porque eles dependem de um estado mental que se deleita com a crueldade e com o sofrimento dos outros. Há pessoas que sentem prazer no mal e no sofrimento dos outros, que gostam de infligir dor. Elas estão muito distantes de sua natureza original de Buddha. Quando morrem, projetam toda a escuridão e crueldade que há em suas mentes e isso retorna para elas. Então, reagem com raiva e medo, criando mais alucinações em um ciclo sem fim. É por isso que é tão difícil superar esses estados. A pessoa fica presa em uma paranoia, raiva e medo sem fim.

No entanto, as pessoas comuns não são assim. A maioria das pessoas tem basicamente um bom coração. Temos nossas boas qualidades e nossas falhas. Entretanto, quando morremos, é provável que nos deparemos com circunstâncias que correspondem à nossa maneira habitual de pensar enquanto estávamos vivos. É importante tomar cuidado com o que pensamos e como reagimos às situações agora, quando temos alguma escolha, porque é isso que poderemos encontrar e vivenciar na vida após a morte. Como não queremos criar mais problemas para nós mesmos no futuro, devemos ter cuidado com nossas ações agora, enquanto temos escolha. Podemos decidir evitar fazer qualquer coisa não-virtuosa, mesmo que isso custe nossa vida. Não-virtuoso significa basicamente "aquilo que prejudica os outros". Simplesmente não faça mal a ninguém, nem com o corpo, nem com a fala, nem com a mente. Isso faz sentido e traz benefícios imprevisíveis e profundos. Dilgo Khyentse Rinpoche explica isso da seguinte forma:

> Quanto mais cuidadoso você for em tudo o que fizer, mais fácil será consumar a vacuidade; quanto mais profunda a visão, mais clara será a compreensão da relação entre causa e efeito.[20]

---

[20] Khyentse, A Essência da Compaixão, 99.

9

RECONHECER A VERDADE DAS COISAS

> Por sua própria natureza, os prazeres dos
> três reinos evaporam-se num instante,
> como o orvalho sobre a relva.
> Buscar o supremo estado da
> liberação imutável
> é a prática do Bodhisattva.

Esse verso, assim como o verso 4, trata da impermanência. O orvalho na grama dura muito pouco tempo; o sol nasce e ele se vai. Da mesma forma, todas essas coisas que imaginamos nos dar prazer e deleite são efêmeras. Em termos práticos, até mesmo a refeição mais deliciosa do mundo vai acabar. E depois? Provavelmente teremos uma indigestão. Qualquer prazer que possamos imaginar tem vida curta e, muitas vezes, não compensa todo o trabalho que tivemos para obtê-lo. Dilgo Khyentse Rinpoche explica isso da seguinte forma:

> Mesmo se conseguisse realizar todas essas ambições e objetivos ilusórios, chegando a algum tipo de conclusão, será que eles levariam a um resultado duradouro? É preciso reconhecer que não há nada de permanente em nenhum deles. Talvez você seja o herdeiro de um trono, mas é óbvio que nenhum rei jamais conseguiu manter o poder indefinidamente: na melhor das hipóteses, a morte o arrebatará. Você pode ser o mais formidável dos generais, mas, embora trave inúmeras guerras, nunca conseguirá conquistar todos os inimigos do seu país. Você pode ter poder, influência, fama e riqueza imensos, mas tudo isso é fútil e sem sentido.[21]

---

[21] Khyentse, A Essência da Compaixão, 100.

Um dos problemas de nossa sociedade moderna é a ideia de que felicidade significa prazer. Logo, uma vida realmente feliz será uma vida de prazer sem fim. Mas, na verdade, o prazer sem fim seria extraordinariamente entediante e insatisfatório. Alguns psiquiatras dizem que o problema da maioria de seus pacientes não é nenhum problema psiquiátrico de fato. Eles não têm psicose, esquizofrenia ou algo do gênero. Externamente, são prósperos e parecem ter tudo, mas, internamente, sua vida é totalmente sem sentido. Não há propósito.

Sim, eles conseguiram o cargo que queriam na empresa. Certamente, têm uma bela casa, uma família e três carros, podendo comprar mais ou menos o que quiserem. No entanto, eles se perguntam: "A vida é só isso?" Cada vez mais, as pessoas estão tendo essa sensação de desesperança porque têm tudo o que a sociedade diz ser necessário para a felicidade, satisfação e realização — e se sentem infelizes.

Hoje em dia, muitas pessoas têm bom senso suficiente para entender que comprar outro carro ou uma casa maior não resolverá o problema. Não importa o quanto elas tenham, a partir de um certo nível de segurança e conforto, isso não irá satisfazê-las. E então? É só para isso que serve toda essa batalha? As pessoas trabalham tanto, lutando como se fossem ratos nas esteiras, correndo sem parar sem chegar a lugar algum.

Esse é o mal-estar do mundo moderno atual. Muitas pessoas ganham muito e reconhecem que isso não as faz felizes. Há alguns anos, participei de uma conferência sobre felicidade organizada por uma instituição budista. A pergunta era: "O que é felicidade e como obtê-la?" Lembro que um sociólogo, que não era budista, disse que recentemente havia sido demonstrado que as pessoas têm um certo nível de felicidade básica. Esse nível pode variar um pouco para pessoas diferentes, mas cada uma tem um nível básico. Se, por exemplo, alguém ganha na loteria, seu nível de felicidade aumenta por um tempo e, no ano seguinte, volta ao nível normal. Ou se alguém sofre um acidente terrível e fica incapacitado, sua felicidade diminui, mas depois de algum tempo volta a subir.

O sociólogo disse que a única coisa que eles descobriram que eleva o nível de felicidade e o mantém elevado é a meditação porque ela proporciona uma alegria interna que não depende de coisas externas. Assim, contanto que continuem praticando, é possível manter esse sentimento de bem-estar e alegria. Caso contrário, todas essas delícias e prazeres são agradáveis, mas também são transitórios, durando apenas um curto período de tempo. Nós nos sentimos estimulados e depois voltamos à rotina normal.

Portanto, presumir que nossa felicidade depende de circunstâncias externas é uma armadilha enganosa. Então, qual é o caminho certo a seguir? Talvez possamos começar com nossas riquezas internas. Não a riqueza externa que, em uma certa medida, é contraproducente. Conheço muitas pessoas ricas que não parecem especialmente felizes. Também conheço muitas pessoas pobres — algumas delas são extremamente felizes e outras não. A felicidade não depende de bens materiais. Quando eu vivia em uma caverna, não tinha nada de especial, nem mesmo uma lanterna. No entanto, eu era perfeitamente feliz, e não ter nada era totalmente irrelevante.

É triste perceber que as sociedades mais tradicionais estejam descartando seus próprios padrões. Elas estão trocando sua própria cultura, que lhes dá identidade e dignidade como povo, pela cultura moderna do "lixo" que, frequentemente, deprecia seus próprios valores tradicionais há muito cultivados.

A Birmânia, hoje conhecida como Myanmar, esteve submetida a um governo repressivo por muitos anos. Posteriormente, eles tentaram instituir a democracia. Centenas de prisioneiros políticos foram libertados e Aung San Suu Kyi estava no parlamento. Isso foi maravilhoso. As coisas estavam se acalmando e se abrindo muito mais. Naquela época, recebi uma carta da Birmânia (Myanmar) dizendo que havia música nas ruas e que as pessoas estavam sorrindo e se sentindo mais aliviadas e felizes.

Porém, como a situação estava se estabilizando, as sanções mundiais contra Myanmar estavam sendo relaxadas, o que significava que a China, a Índia, os Estados Unidos e a Europa planejavam invadir Myanmar e comprar todos os seus ativos valiosos, como rubis, diamantes, ouro e, provavelmente, petróleo ou gás natural. Durante muito tempo, esses ativos foram congelados devido a boicotes ao regime. Agora, esses países estavam procurando fazer acordos comerciais e inundar o país com todos os seus produtos de baixa qualidade. Além disso, o turismo estava prestes a crescer à medida que Myanmar se tornava o lugar "da moda" para se visitar, o que significava que grandes hotéis, resorts de luxo e grupos de turismo de todo o mundo estavam se organizando. Adeus à Birmânia tradicional, adeus ao patrimônio birmanês. Agora, Aung San Suu Kyi está novamente em prisão domiciliar e a democracia está suspensa.

Ironicamente, durante a época do regime, o budismo floresceu. O Dharma floresceu e havia muitos centros de meditação. Os leigos também praticavam e, à noite, a estupa local era o centro social repleto de pessoas, jovens e idosos, sentados e recitando suas orações, meditando, circumambulando, fazendo oferendas ou simplesmente conversando. Mas agora o futuro de Myanmar é incerto. Uma das poucas culturas budistas singulares do mundo está prestes a sofrer um grande declínio. Isso é chamado de impermanência.

10

VALORIZAR OS OUTROS

> Se todas as mães, que têm me amado desde
> tempos sem princípio, estão sofrendo,
> qual é o sentido da minha própria felicidade?
> Portanto, para que os seres
> infinitos sejam liberados,
> gerar a mente que busca a iluminação
> é a prática do Bodhisattva.

O primeiro estágio da aspiração é ver que o samsara é impermanente e entender que as aquisições externas não nos farão felizes. Uma vez que todas as coisas são impermanentes, devemos nos esforçar para alcançar a liberação ou o Nirvana. Tire-me daqui! Quando, realmente, no fundo de nosso coração, reconhecemos a incerteza, a insegurança do samsara, não importa onde estejamos, como se estivéssemos encarcerados em uma prisão, procuramos a chave para escapar.

Certa vez sonhei que estava perambulando por uma imensa prisão. Havia suítes luxuosas na cobertura com pessoas desfrutando de coquetéis, e havia outras salas nas quais as pessoas estavam trabalhando ou conversando, rindo ou chorando. Depois, bem no fundo, havia as masmorras onde os presos estavam sofrendo, desesperados, sendo torturados. Mas reconheci que, independentemente de estarmos na cobertura ou nas masmorras, tudo era prisão. Quem está na cobertura hoje poderia estar nas masmorras amanhã. Ou vice-versa.

A situação era de muita insegurança e precisávamos fugir. No sonho, eu andava pelos corredores dizendo às pessoas: "Olha, estamos em uma prisão, como vamos escapar?" A maioria das pessoas respondia: "Sim, talvez seja uma prisão, mas está tudo bem". As pessoas não estavam alarmadas. Eu dizia: "Não, vocês não entendem, é muito incerto, não sabemos o que vai acontecer conosco, estamos todos presos aqui. Temos que fugir!" Mas as pessoas diziam que realmente estava tudo bem ou que não valia a pena tentar escapar porque não havia como sair. Por fim, encontrei alguns amigos que concordaram em vir comigo. Havia um barco atracado em um riacho que passava pela prisão e havia guardas vigiando, mas eles não tentaram nos impedir. Subimos em um barco plano e flutuamos pelo córrego até sairmos da prisão.

Do lado de fora, havia uma estrada paralela à prisão, então começamos a correr e correr sem parar. De um lado, podíamos ver a prisão imponente, os muros altos cheios de janelas e, através delas, podíamos ver cenas de pessoas cantando, dançando, rindo, chorando e trabalhando. E nós continuávamos correndo.

A prisão parecia não ter fim e eu estava já exausta. No início, pensei: "Não vale a pena, vamos voltar". Mas depois reconsiderei: *Não estou correndo apenas para o meu próprio bem. Se eu parar de correr e voltar, meus amigos que estão me seguindo também voltarão. Então, para o bem deles, preciso continuar correndo.* Assim que esse pensamento ocorreu — assim que parei de pensar em correr só por mim — a prisão desapareceu e surgiu uma outra estrada perpendicular à estrada em que estávamos e o sonho continuou a partir dali.

O verso 9 trata do esforço para alcançar o nível supremo de liberação inalterável. Estamos buscando o Nirvana para escapar do samsara. Entretanto, há um problema aqui. O exemplo tradicional dessa situação é uma casa em chamas. A casa está pegando fogo e há um incêndio enorme, mas nós conseguimos sair. Mas nossos pais, nossos filhos, nossos entes queridos e nosso gato ainda estão dentro da casa em chamas. Será que podemos simplesmente ir embora? Não. Temos de voltar e tentar tirá-los da casa em chamas. Nós não poderíamos simplesmente deixá-los lá dentro para morrerem queimados. Levaríamos em conta o fato de nós mesmos estarmos fora como motivo para ajudá-los a sair também.

Outro exemplo é que todos nós estamos nos afogando no pântano do samsara, mas finalmente conseguimos chegar à terra firme. No entanto, olhando para trás, vemos que nossos entes queridos estão se afogando. Quem diria: "Ah, vocês estão se afogando! É uma pena, mas vejam, eu estou em terra firme. Tomem a mim como exemplo e nadem com afinco. Espero que vocês também consigam chegar à terra firme. Tchau!"

Como alguém faria uma coisa dessas? Na verdade, em vez disso, a pessoa diria: "Ok, agora que estou em terra firme, preciso pegar uma corda ou usar minhas mãos para puxar essas pessoas para fora também. Aproximem-se um pouco mais, vou puxá-los para fora!" Podemos usar a terra firme para ajudar a puxar todos os outros para fora. Não deixaríamos nossa mãe se afogar na nossa frente se pudéssemos evitar. Ou nossos filhos, nosso parceiro, nossos amigos ou qualquer outra pessoa. Tentaríamos resgatar até mesmo um cachorro de rua. É claro que sim.

Isso nos leva ao próximo estágio de motivação, que foi mencionado anteriormente, e é chamado de bodhichitta. Bodhi significa "iluminação" ou "despertar", e chitta significa "coração" ou "mente". Portanto, bodhichitta significa "mente da iluminação" ou "espírito do despertar". É essa qualidade do coração desperto que nos ajuda a percorrer o caminho espiritual, não apenas para que possamos nos sentir melhor, mas para que possamos ajudar os outros a se sentirem melhores também. Com sabedoria e compaixão, temos condições de beneficiar os seres de uma forma mais significativa. Dilgo Khyentse Rinpoche ensinou:

> A bodhichitta da intenção, ou da aspiração, tem dois aspectos: a compaixão, que é voltada para os seres, e a sabedoria, que é voltada para a iluminação. No entanto, nenhum dos dois aspectos por si só — seja o mero desejo de beneficiar os seres ou o mero desejo de alcançar a iluminação expressa a bodhichitta. Por um lado, se o seu objetivo não é alcançar a iluminação última, por mais que deseje beneficiar os seres, você nunca irá além da bondade e da compaixão comuns.[22]

Isso é semelhante a estarmos doentes e depois nos recuperarmos e, mais tarde, vermos outras pessoas doentes. Em virtude de nossa própria experiência, somos sensíveis ao sofrimento dos outros e desejamos nos dedicar a ajudá-los a ter saúde. Portanto, aspiramos a nos tornar médicos. Quando adquirimos conhecimento suficiente para nos formarmos na faculdade de medicina, não é porque queremos nos curar, mas para que possamos beneficiar e curar outras pessoas. Da mesma forma, no caminho espiritual, nossa motivação é sermos capazes de entender as coisas com mais clareza para beneficiar os outros. Se pudéssemos aprender a lidar com nossas emoções negativas, se pudéssemos ter uma visão profunda da natureza da realidade, estaríamos na posição de realmente beneficiar todos os outros seres que precisam desesperadamente ser ajudados.

---

[22] Khyentse, A Essência da Compaixão, 106.

Considerando os bilhões de pessoas existentes no mundo, pode parecer que, nesta vida, estamos conectados a apenas algumas delas. Apenas nossos pais, irmãos, filhos e outros membros da família e as pessoas com quem mantemos contato, como amigos, colegas e assim por diante. Um número comparativamente pequeno.

Mas se olharmos para trás, para o infindável panorama de todas as nossas vidas passadas, com quantos seres realmente tivemos um relacionamento próximo? É difícil dizer, porque nos esquecemos completamente. Mesmo que nos encontrássemos com esses seres novamente, não os reconheceríamos. Às vezes, encontramos uma pessoa pela primeira vez e ela imediatamente nos parece familiar, como se já a conhecêssemos antes. Outras vezes, podemos passar anos com uma pessoa e ainda assim não sentimos nenhuma conexão especial.

Do ponto de vista da prática de abrir o coração, o foco comum é o papel da mãe porque, francamente, sem nossa mãe, nenhum de nós estaria aqui. É lamentável que não nos lembremos do momento em que fomos mais bem cuidados e nutridos. Qualquer pessoa que tenha de cuidar de crianças sabe que é um trabalho em tempo integral — especialmente quando as crianças são pequenas. A mãe precisa dar conta de uma rotina interminável de dar banho, alimentá-las, trocar suas fraldas, acariciá-las e colocá-las para dormir. E o que os bebês pequenos fazem? Eles mamam, defecam, choram muito, mantêm seus pais acordados à noite e, ocasionalmente, sorriem. Eles ficam totalmente concentrados em suas próprias necessidades, desejos e exigências. Mas a maioria das mães não se cansa e joga seus bebês fora. Não, elas amam a criança mais do que sua própria vida.

E não importa como era nossa mãe. Ela pode ter sido um anjo ou um demônio — ainda assim, ela nos deu à luz. Ela nos carregou por nove meses em seu próprio corpo, com todo o desconforto e os enjoos matinais e, depois, passou pela dor do parto. Ela sofreu muito por nós. Se ela tivesse nos abortado, não estaríamos aqui agora. Ela sofreu muito e nos deu o maior presente que poderia ter nos dado — a vida. E essa dívida de gratidão nunca poderá ser realmente paga.

Do ponto de vista budista, muitas de nossas infinitas vidas — a maioria das quais não nos lembramos — não foram humanas. Podemos, por exemplo, ter sido uma aranha e ter tido uma mãe que teve centenas de filhos pequenos, mas que, mesmo assim, cuidou de todos eles. Algumas espécies podem até matar o macho, mas não matam seus bebês. Certa vez, vi um escorpião carregando dezenas e dezenas de escorpiões minúsculos. Lá estavam eles, todos montados nas costas da mamãe. Talvez não pensemos nos escorpiões como mães amorosas, mas lá estão elas.

A gratidão pela mãe é o símbolo e o exemplo da extrema gratidão que devemos ter por outros seres. É claro que, em cada vida, há muitos seres pelos quais sentimos gratidão. Por exemplo, os fazendeiros que cultivam todos os alimentos que consumimos ou todas as pessoas que fabricam as inúmeras coisas que usamos, poderíamos nos estender indefinidamente, pois somos todos muito dependentes e interconectados com outros seres.

Portanto, temos uma dívida de gratidão a pagar. A maneira mais grandiosa e definitiva de pagar essa dívida é atingir a iluminação para poder liberar os outros — todas as nossas mães de vidas incontáveis. De acordo com essa aspiração, não praticamos apenas para nos sentirmos melhor. Estamos praticando para que, nesta vida ou em vidas futuras, possamos ter condições de ajudar genuinamente os seres que precisam desesperadamente de ajuda, quer eles se deem conta disso ou não. Essa é a motivação.

Que presente mais belo se pode oferecer para retribuir a bondade dos seres do que ajudá-los em sua liberação? Neste momento, podemos aspirar a isso, mas na verdade não podemos fazer muita coisa. É como uma mãe sem braços vendo seu filho ser arrastado pelo rio. Estamos desamparados. Não podemos nem mesmo ajudar a nós mesmos, quanto mais a outros seres sencientes. Mas a aspiração está presente. Talvez não possamos ajudar efetivamente neste momento, mas, a partir de agora, usaremos nosso tempo para realmente criar as causas e condições que, no futuro, nos permitirão ajudá-los genuinamente de forma profunda e significativa.

Depois de tomarmos refúgio para entrarmos no caminho Mahayana que enfatiza a compaixão, o caminho de um bodhisattva, recebemos o voto de bodhisattva, que é o voto de nos empenharmos espiritualmente, não apenas para nossa própria liberação, mas para atingirmos a iluminação para que, com o tempo, todos os seres sejam beneficiados. Isso não se refere apenas aos seres humanos, mas também aos animais, insetos, a todas as criaturas que vivem nos mares e lagos, a todos os pássaros e a todos os seres nos reinos espirituais, nos reinos dos infernos e nos reinos celestiais.

Em última análise, conforme observamos na discussão sobre karma no verso 8, não há seres sencientes a serem liberados e ninguém para liberá-los. A crença em um ser autônomo é o que primeiramente impede a nossa liberação. Mas, apesar disso, em um nível relativo ou convencional, que é onde estamos vivendo, essa aspiração transforma completamente a própria motivação: não estou fazendo isso só por mim, mas por todos os seres. Além disso, quando fazemos algo virtuoso e dedicamos o mérito, estamos fazendo isso em nome de outros seres porque eles não sabem como fazer. Nós somos seus representantes. Realizamos a ação e, depois, dedicamos o mérito a todos os seres para que eles possam se elevar como nós nos elevamos. É como colocar fermento na massa espessa da vida para que tudo cresça, não apenas o fermento.

O verso diz: "Se todas as mães, que têm me amado desde tempos sem princípio, estão sofrendo, qual é o sentido da minha própria felicidade?" Como posso ser feliz escapando da casa em chamas se minha mãe ainda está queimando? Minha própria liberação não faz sentido a menos que seja uma causa direta da liberação de todos os seres. A prática de um bodhisattva é focar a mente na iluminação com o objetivo de liberar incontáveis seres sencientes, porque somente a iluminação nos dará o poder, a sabedoria e a compaixão para liberar todos eles. Nada mais será suficiente. Esse objetivo é o foco do primeiro verso dos reverenciados Oito Versos para Treinar a Mente de Langri Thangpa:

> Com o desejo de alcançar a iluminação
> para o benefício de todos os seres sencientes,
> mais preciosos do que uma Joia que Realiza Desejos,
> que eu possa constantemente estimar todos eles.[23]

A "joia que realiza desejos" é uma figura da tradição mítica indiana. Trata-se de uma joia de propriedade dos deuses que concede qualquer desejo mundano que possamos ter. Se quisermos sorvete, teremos sorvete. Se quisermos ouro ou diamantes, eles aparecerão instantaneamente. Uma bela Ferrari vermelha e brilhante? Aqui está ela! Essa joia pode conceder qualquer coisa deste mundo, mas não pode nos dar habilidades espirituais. Não pode nos dar insight. Não pode nos dar a iluminação. Ela só pode conceder benefícios mundanos. Nosso desejo de alcan-

---

[23] Do original *Wishing to attain enlightenment For the sake of all sentient beings, Which excels even the Wish-Fulfilling Jewel, May I constantly cherish them all.*de Geshe Sonam Rinchen, *Eight Verses for Training the Mind*, trad. Ruth Sonam (Bouder: Snow Lion, 2001), 00.

çar a iluminação para o bem de todos os seres sencientes torna nossa aspiração sagrada algo muito mais rara e preciosa.

Lembre-se, isso se refere a todos os seres vivos. É impossível enfatizar isso o suficiente. Todos os seres — os seres que vivem nas águas, na terra ou no céu, em todo o universo, em todos os reinos. Esses são todos os seres sencientes. Estamos aspirando a atingir o despertar para ajudar a iluminar e libertar todos os seres sencientes porque, como nós, todos os seres estão trancados na prisão do samsara. Se conseguirmos encontrar o caminho para escapar, não poderemos sair sozinhos; temos que abrir a porta e ajudar a conduzir todos os outros para fora também. Essa é a aspiração.

Isso significa que todos esses seres sencientes com os quais temos que lidar não são obstáculos à nossa iluminação, são joias que realizam desejos e nos ajudam a cultivar a bondade amorosa, a compaixão, a paciência, a generosidade e todas as qualidades do coração. Como poderíamos fazer isso se não tivéssemos pessoas com quem praticar?

Podemos nos sentar em solitude e desejar: "Que todos os seres fiquem bem e sejam felizes!" Então, alguém passa e faz um barulho e nós gritamos: "Shhh. Não faça barulho! Estou fazendo minha meditação da bondade amorosa!" Para nos ajudar a evitar esse tipo de hipocrisia, precisamos de outros seres. Precisamos que outras pessoas sejam nosso espelho. Precisamos de outros seres sencientes para despertar a compaixão e a bondade amorosa para podermos cultivar todos os estágios do caminho. Os seres sencientes são preciosos. Portanto, que eu possa constantemente estimar todos eles. Que eu os mantenha sempre em meu coração.

Neste verso, Thogme Sangpo estabeleceu o objetivo, então o que faremos no resto do texto? Vamos nos iluminar! E a única maneira de nos iluminarmos é fazer uso de tudo o que nos acontece — especialmente as adversidades que nos atingem — transformando-as e colocando-as no caminho. Precisamos tomar tudo o que nos acontecer, da maneira como vier, e fazer uso disso. Assim, avançamos.

Se praticarmos apenas quando todas as condições externas parecerem agradáveis, mas não quando as pessoas forem barulhentas, ou quando houver problemas, ou quando estivermos nos sentindo mal, ou quando surgir algo desfavorável, então não saberemos como praticar. Precisamos aprender a usar nossa vida — tudo em nossa vida — como prática. É isso! Para nos lembrar, temos o verso 11.

11

PRATICAR A BONDADE E A COMPAIXÃO

> Todo sofrimento, sem exceção, surge
> de desejar a felicidade para si mesmo.
> O estado búdico perfeito nasce da
> intenção de beneficiar os demais.
> Portanto, trocar de fato a minha felicidade
> pelo sofrimento dos outros é a
> prática do Bodhisattva.

A razão pela qual sofremos é porque estamos nas garras de nossa delusão egoísta e imaginamos que, enquanto servirmos aos nossos próprios interesses e pudermos satisfazer todos os nossos desejos e vontades, de alguma forma, seremos felizes. As outras pessoas que cuidem de sua própria felicidade; isso não nos diz respeito. O que nos interessa é sermos felizes. Mas isso não funciona. Realmente não funciona.

As pessoas mais infelizes e desesperadas são aquelas que só pensam em sua própria felicidade. Acabamos ficando cada vez mais presos porque nossos desejos crescem mais e mais e são infinitos. Seja como for, nunca ficaremos satisfeitos. Quando um desejo é satisfeito, outro desejo toma seu lugar. Não é possível satisfazer nossos desejos e acabar com eles para sempre. Surgem mais desejos, depois mais e mais. Isso não tem fim. Nossos desejos são uma espiral de idas e vindas até que acabamos desesperados e cada vez mais distantes da liberação. O ego fica tão inflado que, no final, nos tornamos escravos de nossos próprios desejos e de nossa própria busca por satisfação material e poder. Muitas pessoas aparentemente bem-sucedidas acabam paranoicas e usando álcool ou drogas de diferentes tipos.

Portanto, a questão é que, se pensarmos apenas em nossa própria felicidade, em nossa própria satisfação e bem-estar, acabaremos completamente aprisionados e desesperados. As pessoas direcionam muita energia para serem felizes de maneira equivocada e terminam não encontrando felicidade alguma.

Nossa sociedade apresenta a felicidade como o resultado de adquirir mais posses, obter um status mais elevado, permanecer eternamente jovem e belo, ser desejável para os outros e, ao mesmo tempo, defender nosso próprio território. Esses são exatamente os cinco venenos que conhecemos: ganância, agressão, orgulho, ciúme e inveja — todos esses constituem nossa ignorância ou a delusão fundamental do ego, que o próprio Buddha disse ser a causa do sofrimento.

No entanto, nossa sociedade moderna projeta essas aflições emocionais — as próprias causas do sofrimento — como se fossem as causas da felicidade. Não é de se admirar que todos estejam correndo atrás de satisfação como uma miragem no deserto. O que parece ser água e palmeiras não passa de uma ilusão e acabamos morrendo de sede. É triste que tantas pessoas estejam correndo desesperadamente atrás de uma miragem.

É por isso que Thogme Sangpo diz: "Todo sofrimento, sem exceção, surge de desejar a felicidade para si mesmo". Já "o estado búdico perfeito", que é a felicidade genuína, "nasce da intenção de beneficiar os demais". Se pensarmos nos outros e em sua felicidade, parando de nos preocupar tanto com nossa própria felicidade, subitamente descobriremos que somos felizes. Portanto, "trocar minha felicidade pelo sofrimento dos outros é a prática de um bodhisattva". Essa é a descrição da conhecida prática de tonglen. Na tradição tibetana, que vem da linhagem lojong (treinamento da mente) de Atisha, tonglen é a importante prática de "dar e tomar". Nos Oito Versos para Treinar a Mente, Langri Thangpa também recomenda essa prática:

> Em suma, direta e indiretamente,
> possa eu oferecer toda ajuda e alegria às minhas mães,
> e possa eu tomar toda sua dor e sofrimento
> em sigilo para mim mesmo. [24]

"Toda ajuda e alegria para minhas mães"! A essa altura, essa ideia já deve ser familiar para nós, pois já foi discutida longamente no verso 10. Pelo fato de estarmos circulando incessantemente pelo samsara desde tempos sem princípio, em algum momento todos os seres sencientes foram nos-

---

[24] Geshe Sonam Rinchen, *Eight Verses for Training the Mind*, trad. Ruth Sonam (Bouder: Snow Lion, 2001), 69.

sas mães. Na Ásia, as pessoas amam e apreciam suas mães, mesmo que elas não tenham sido especialmente boas. A mãe foi dada como exemplo de uma pessoa que realmente desejamos que se livre do sofrimento e fique bem e feliz. Somos capazes de estender esse sentimento de afeto e carinho a todos os seres sencientes porque, em algum momento, tivemos esse mesmo relacionamento íntimo com eles. Essa é a ideia.

Quando Langri Thangpa diz "diretamente", ele quer dizer que se estivermos com alguém que precisa de ajuda, nós ajudaremos imediatamente. Nós mesmos podemos ajudar essa pessoa, diretamente. "Indiretamente" significa que, se não estivermos de fato ali presentes, o que ocorre no caso da maioria dos seres sencientes, podemos, mesmo assim, fazer meditações focadas em desejar-lhes bem-estar e felicidade — meditações de bondade amorosa e compaixão. Dessa forma, enviamos bons votos a todos os seres, para que sejam indiretamente impactados por nossos votos de bem-estar.

Essa prática mais deliberada e focada de tonglen tem muitas aplicações diferentes, mas, em geral, baseia-se no amor e na compaixão. Esta é a prática básica: imagine alguém que esteja sofrendo de alguma forma. Ela pode estar realmente presente, ou podemos pensar nela ou usar uma foto. Na inspiração, visualize você removendo uma luz escura, como se fosse um aspirador de pó sugando todo o sofrimento da pessoa, incluindo as causas de seu sofrimento — presentes e kármicas. Visualize inspirando seu sofrimento na forma de luz negra ou fumaça e poluição. Quando essa luz negra chega ao coração (o centro do peito, não o coração físico), ela se transforma em uma pequena pérola negra que representa a mente de autoapreço; a mente egoísta que não quer tomar para si o sofrimento das outras pessoas, por mais que sintamos pena delas. Essa é a mente que pensa: *Bem, eu realmente sinto muito que você esteja doente, mas ainda bem que não sou eu!* Ou *Esta é uma prática muito boa, mas espero que não funcione de fato.* Apesar de lamentarmos o sofrimento do outro, não queremos tomar isso para nós.

Visualize essa luz escura do sofrimento do outro entrando em você e se dissolvendo na pequena pérola negra do "eu" (porque a última coisa que quero são os problemas dos outros), convidando deliberadamente o sofrimento com o desejo "eu tomarei esse sofrimento para mim", o que esmaga nossa atitude de autoapreço. Então, à medida que a luz escura se transforma na pérola, a própria pérola se transforma em um diamante e brilha intensamente, representando nossa verdadeira natureza de Buddha, a natureza pura da mente, que nunca pode ser contaminada pelo sofrimento. Ela é eternamente feliz e saudável. Não pode ser outra coisa. É a natureza incondicionada e que nunca é poluída por condicionamentos.

Nossa verdadeira natureza é o bem-estar inesgotável e, portanto, assim que a pequena pérola negra do autoapreço desaparece, descobrimos nossa verdadeira natureza, que não tem problema algum. Em seguida, expiramos uma luz branca clara que representa toda a nossa sabedoria ilimitada, compaixão, boa saúde, bom karma — tudo o que há de bom dentro de nós. Essa luz é emitida com a expiração e visualizamos essa luz se fundindo com a pessoa, presente ou imaginada. Visualize cada célula do corpo dela embebida em luz e sendo curada, fazendo com que ela se sinta completamente feliz e tranquila. Com a inspiração, absorvemos a escuridão; com a expiração, emanamos todas as nossas qualidades curativas brilhantes como luz clara.

Essa prática pode ser usada de várias maneiras. Por exemplo, se estivermos doentes, em vez de nos deitarmos e sentirmos pena de nós mesmos, podemos imaginar que o sofrimento de todas as pessoas com aquela mesma doença está sendo absorvido por nós. Por exemplo, se tivermos uma dor de cabeça, podemos visualizar que as dores de cabeça de todos os seres do mundo estão sendo atraídas para dentro de nós. Nós tomaremos toda essa doença para nós e os outros seres ficarão livres dela. Mesmo que estejamos nos sentindo tristes, também podemos fazer tonglen para nós mesmos. Isso é muito benéfico. Muitos lamas, quando estão doentes ou próximos do momento da morte, dizem que praticam guru yoga e tonglen.

Essa prática dá um sentido ao nosso próprio sofrimento e é de grande benefício para os outros. Muitas pessoas que visitam pacientes em hospitais não sabem o que fazer quando estão ao lado de alguém que está doente ou morrendo. Podemos simplesmente segurar a mão do paciente e ficar sentados praticando tonglen em silêncio. Às vezes, as pessoas que entram no quarto notam a atmosfera de paz. Ou o próprio paciente diz que, por qualquer motivo, está se sentindo confortado. Por exemplo, se visitarmos alguém que está doente, podemos simplesmente ficar sentados em silêncio fazendo essa meditação, trazendo a escuridão e enviando a luz. Mas em segredo. Não precisamos dizer às pessoas: "Estou fazendo isso por você". Elas não precisam saber o que estamos pensando ou fazendo.

Se estivermos em um quarto de hospital, não precisamos nos sentar em nenhuma postura especial. Simplesmente sentamos. Ninguém saberá o que estamos fazendo. Não precisamos chamar a atenção para a nossa prática. Podemos praticar tonglen até mesmo em um ônibus, trem ou avião. Podemos simplesmente absorver todos os problemas, ansiedades e sofrimentos dessas pessoas sentadas ali e distribuir luz e amor. Todas as pessoas têm problemas, com certeza. Se não é uma coisa, então é outra. Se não são seus próprios problemas, estão preocupadas com alguém próximo a elas. Imaginem só como seria absorver tudo isso. Seria maravilhoso se pudéssemos aliviar todo o sofrimento dessas pessoas e dar-lhes alegria, felicidade e bem-estar. Tenho certeza de que qualquer um de nós ficaria feliz em fazer isso. Se pudéssemos absorver o sofrimento de todos e dar-lhes toda a alegria, seria um ótimo negócio, porque eles estão nos dando a preciosa oportunidade de praticar a compaixão.

Em vez de nos sentirmos impotentes diante do sofrimento — além de qualquer coisa material que possamos oferecer para ajudar — internamente, podemos fazer essas práticas espirituais. Se conseguirmos praticar com sinceridade, isso realmente transformará o ambiente. Muitas vezes, as pessoas percebem que algo mudou. Elas não sabem o que aconteceu, mas se sentem melhor. Nossos pensamentos têm um poder tremendo. É importante lembrar disso.

Morei por muitos anos nas colinas atrás da cidade de peregrinação de Assis, onde São Francisco nasceu. Hoje em dia, a cidade está muito bem cuidada e é um importante local de peregrinação. Os turistas que vão à Itália geralmente visitam Roma, Florença, Assis e Veneza, de modo que a cidade está repleta de lojas que vendem bugigangas para turistas. No entanto, como foi o lar de São Francisco e Santa Clara, e há séculos as pessoas visitam a cidade em peregrinação, ela ainda guarda um sentimento muito poderoso. Há muitas cidades medievais bonitas na Úmbria e na Toscana, mas Assis é algo especial, mesmo agora, apesar de todo o comercialismo. Conheci várias pessoas que me disseram que, quando foram a Assis pela rota turística, tiveram, do nada, uma profunda experiência espiritual. Elas não estavam esperando aquilo de forma alguma. Não estavam em nenhuma viagem religiosa específica; estavam apenas viajando de mochila nas costas pela Europa. Mas, em Assis, descobriram que algo havia mudado repentinamente dentro deles, e lá tiveram uma experiência que mudou sua vida.

A cidade de Bodh Gaya, que fica no meio do caos urbano, tem um efeito semelhante sobre as pessoas. Bihar é o estado mais conturbado da Índia. É quase um reino dos infernos e, certamente, um reino de fantasmas famintos com toda a incrível pobreza e violência. Mendigos, vendedores ambulantes e *bhajans* de doer os ouvidos soam dos templos próximos, distorcidos pelos sistemas de alto-falantes estridentes. No meio desse caos, fica Bodh Gaya, com um modesto muro de pedra ao redor. No entanto, ao entrar pelo portão, é como estar em um reino puro, especialmente no início da manhã ou à noite, quando todos os turistas já foram embora. É um lugar extraordinário que tem muita energia de paz devido aos pensamentos e aspirações de todos os peregrinos devotos vindos de todas as partes do mundo, orando e fazendo prostrações. E, é claro, o próprio Buddha alcançou a iluminação naquele lugar.

Da mesma forma, se formos a Auschwitz ou a qualquer um desses locais onde algo terrível aconteceu, na verdade não há quase nada ali. São apenas prédios e fotos das pessoas que foram aprisionadas e morreram. Mas nada mais. E, no entanto, sabemos que houve uma terrível tragédia naquele lugar. A atmosfera é muito sombria e pesada. A sensação de medo, sofrimento e tristeza ainda é palpável devido a todas as coisas horríveis que aconteceram e à dor de todas as pessoas que visitaram o local desde então. É possível sentir que algo horrível aconteceu por lá.

A forma externa de um lugar pode não ser nada ameaçadora ou especial, mas a força da mente pode ser sentida ali. Quer a energia seja positiva, cheia de amor e devoção, ou negativa, como medo e ódio, ela permanece ali. Devemos ser cuidadosos com nossos pensamentos.

Quando estiverem em uma situação em que houver muito medo e paranoia, raiva e ódio, por favor, não se conectem com essa energia escura. Diante da raiva e do medo, transmitam bondade amorosa e compaixão. Não precisamos nos conectar e aumentar a paranoia. Isso não ajuda em nada. Ficar com medo e paranoico só aumenta o problema. O que todos nós realmente precisamos fazer é substituir essa energia negativa por energia positiva. Enviar bondade amorosa. Cobrir o país inteiro, o planeta todo com a luz dourada de amor e cura, e não com mais e mais energia sombria. Por favor. Nossos pensamentos têm poder. Portanto, façam com que seja um poder positivo e não um poder negativo e sombrio. Pratiquem a compaixão sem medo.

Nossos pensamentos têm um enorme poder, e o tonglen é uma prática totalmente motivada pela compaixão. Seu resultado genuíno não só beneficia a pessoa que é objeto da prática, mas também ajuda a evidenciar e a reduzir nossa própria atitude autocentrada e egoísta. Essa qualidade de amor altruísta que desenvolvemos realmente abre nosso coração para o sofrimento do mundo e nos permite respirá-lo e oferecer toda a bondade que existe dentro de nós a outros seres sem nenhuma reserva. Esse é o nosso desafio. É ao mesmo tempo um desafio fundamental e um desafio que leva à conquista suprema: a realização ou o despertar. Dilgo Khyentse Rinpoche explica:

> Algumas pessoas talvez possam pensar que esses ensinamentos sobre a compaixão e a troca de lugar com o outro são parte dos ensinamentos do "caminho gradual" dos sutras e que a sua eficácia não pode ser comparada com os ensinamentos mais avançados do "caminho direto" da Grande Perfeição ou do Grande Selo. Pensar assim é uma falta total de compreensão. A bodhichitta absoluta — a própria essência da Grande Perfeição e do Grande Selo — só brotará se você tiver desenvolvido o amor e a compaixão da bodhichitta relativa.[25]

Em outras palavras, a prática da compaixão é essencial para a prática bem-sucedida do Mahamudra ou do Dzogchen. A seguir está a prática de tonglen em sua essência. Que ela seja benéfica para você e para todos os outros seres sencientes.

Visualize alguém que está sofrendo neste momento.

Na inspiração, imagine-se absorvendo todo o sofrimento dessa pessoa e as causas desse sofrimento na forma de uma luz escura ou de uma fumaça densa.

Essa luz escura desce com a inspiração até o seu chakra do coração, no centro do peito. Ela toma a forma de uma pequena pérola negra (simbolizando a mente de autoapreço).

A pérola negra se dissolve imediatamente e se transforma em um diamante brilhante (simbolizando nossa natureza de Buddha).

---

[25] Khyentse, A Essência da Compaixão, 121.

Na expiração, imagine que esse diamante irradia uma luz brilhante que se dissolve na pessoa que está sendo visualizada, preenchendo cada célula do corpo e da mente dela com luz clara e brilhante de saúde e felicidade.

12

ABRAÇAR A ADVERSIDADE

> Se alguém, movido por um desejo intenso,
> se apossar de toda a minha riqueza
> ou induzir outro a fazê-lo,
> dedicar a essa pessoa o meu
> corpo, bens e mérito
> acumulados no passado, no presente e
> no futuro é a prática do Bodhisattva.

No verso 12, o texto prossegue com uma discussão sobre adversidade. Quando coisas cruéis nos acontecem, especialmente quando achamos que não as merecemos, como devemos reagir para trazer essa adversidade para o caminho? O budismo tibetano enfatiza que devemos trazer tudo para o caminho sem descartar nada, nem mesmo as coisas que vemos como grandes obstáculos e problemas, que nos fazem pensar: *Eu seria um praticante muito melhor se pelo menos...*

Tudo precisa ser utilizado. É como as cascas de legumes. Em vez de simplesmente descartá-las como inúteis, podemos prepará-las e transformá-las em adubo que ajudará todas as flores e legumes a crescerem ainda melhor. Da mesma forma, em vez de descartar os obstáculos e problemas em nossa vida, podemos usá-los em nossa prática porque o entendimento é o de que, se as coisas sempre correrem muito bem, podemos ser levados a pensar que somos praticantes muito mais avançados do que realmente somos. Se todos forem amáveis, é fácil ser amoroso. É claro que queremos que as pessoas sejam simpáticas e gentis conosco, mas o problema é que, se só encontrarmos bondade e simpatia, isso pode nos fazer pensar que não temos problemas internos — sou sempre muito gentil e simpática. Isso pode nos dar a falsa ideia de que superamos a raiva, que superamos o ciúme, que superamos a mágoa, mas isso pode não ser verdade. Muitas vezes, essas emoções aflitivas ainda estão latentes dentro de nós e voltam à tona quando nos deparamos com pessoas ou circunstâncias adversas.

Em vez de ficarmos chateados com a pessoa que está causando essa reação negativa ou com nós mesmos por estarmos com raiva, pensamos: *Que bom, essa pessoa é muito desagradável. Que oportunidade maravilhosa! Agora posso realmente praticar. Muito obrigado por me mostrar o quanto ainda tenho que trabalhar. Você realmente é meu professor. Eu não tinha percebido o quanto eu era sensível em relação a isso e você me mostrou. Agradeço imensamente a você por isso.*

Portanto, em vez de considerar alguém que nos incomoda ou magoa como sendo o inimigo, como sendo alguém que está contra nós, e depois ficarmos chateados e com raiva, podemos reconhecer que, na verdade, essa situação está nos dando uma grande oportunidade. Isso nos ajuda a nos vermos com muito mais clareza o trabalho que ainda precisa ser feito e, ao mesmo tempo, a oportunidade de começar a trabalhar com o remédio.

Uma simples mudança de atitude pode mudar tudo. Podemos considerar situações que antes pareciam muito difíceis como uma grande oportunidade espiritual para nos desenvolvermos e aprendermos. Novamente, é como ir a uma academia de ginástica e se deparar com um aparelho que é desafiador e projetado para testar nossos músculos. Mas não ficamos ressentidos com o aparelho; ao contrário, somos gratos a ele por nos mostrar que precisamos nos esforçar muito mais. Nós não desatamos a chutar o aparelho e a ficar irritados porque ele é difícil. Pensamos: *Uau, que aparelho bom!* Saímos pingando de suor e nos sentindo fantásticos. Essa prática do lojong é um exercício no reino espiritual que realmente nos desafia, mas a força interior resultante é verdadeiramente profunda.

Quando nos deparamos com pessoas que criam dificuldades para nós ou que nos humilham, há uma noção de "eu" que se manifesta com muita força: *eles estão* me *insultando*, me *humilhando*, me *enganando*. Essa noção de eu, que fica tão forte nesses momentos, pode ser útil porque vemos claramente com o que estamos lidando. Se não houvesse um eu, onde estaria o problema? Não haveria problema algum. Dilgo Khyentse Rinpoche aponta com lucidez.

Praticar dessa forma também ajuda a erradicar a crença em um "eu" verdadeiramente existente. Pois, no fim, os verdadeiros inimigos não são as criaturas desumanas que estão no poder, nem os assaltantes violentos ou os concorrentes impiedosos que o atormentam sem parar, tomando tudo o que lhe pertence ou fazendo ameaças com processos legais. O verdadeiro inimigo é a crença no "eu".

> A ideia de um "eu" duradouro tem lhe obrigado a vagar desamparado pelos reinos inferiores do samsara por incontáveis vidas passadas. É exatamente essa ideia que o impede, agora, de libertar a si e aos outros da existência condicionada. Se você conseguisse simplesmente abrir mão do pensamento de um "eu", descobriria que é fácil ser livre e libertar os demais. Se hoje você superar a crença em um "eu" verdadeiramente existente, alcançará a iluminação hoje. Se superar amanhã, alcançará a iluminação amanhã. Porém, se você nunca se libertar dessa crença, nunca alcançará a iluminação.[26]

Quando entramos em conflito com pessoas que estão nos humilhando ou nos criticando, especialmente se as críticas não forem verdadeiras, esse senso de defesa fica claro. Já que é isso que estamos querendo tratar, nos sentimos gratos pela ajuda delas. Essa é exatamente a parte central deste texto — como trazer essas situações desafiadoras que envolvem as oito preocupações mundanas — elogio e culpa, ganho e perda, prazer e dor, fama e ser esquecido — para o caminho e usá-las para nosso progresso espiritual em direção à transformação interior. Esse é o cerne da questão em muitos dos versos, e cada verso trata de uma nuance ligeiramente diferente dos problemas que surgem em nossa vida diária.

Normalmente, quando alguém rouba algo de nós, ficamos chateados, nos sentimos prejudicados e, é claro, queremos reaver nossas coisas. Esse verso não está dizendo que, por exemplo, se alguém roubar nosso passaporte, cartões de crédito, etc., não devemos ir à polícia para tentar recuperá-los. Mas, do ponto de vista da prática, suponhamos, por exemplo, que somos ricos e alguém nos rouba. Há duas questões aqui: primeiro, se formos roubados, esse é o resultado de termos roubado outra pessoa no passado — alguma ação kármica passada que nós mesmos realizamos. Agora, essa dívida kármica está quitada, o que é bom. Em segundo lugar, se alguém tomar tudo o que possuímos, então não precisaremos mais nos preocupar em proteger tudo. Quanto mais as pessoas têm, mais elas precisam de sistemas de alarme, cães de guarda, fechadu-

---

[26] Khyentse, A Essência da Compaixão, 127-8.

ras triplas e sistemas de vigilância. Quanto mais ricos ficamos, mais presos estamos por nossas posses. Se não tivermos muito, é muito improvável que alguém se dê ao trabalho de nos roubar, e se perdermos, e daí? Em vez de ficarmos chateados quando as pessoas roubam coisas de nós, podemos dizer: "Nesta e nas próximas vidas, oferecerei todos os meus corpos, posses e méritos". E nem precisamos nos preocupar em criar uma boa conta bancária de mérito para o futuro. Oferecemos tudo — aceitem tudo, sejam bem-vindos.

A ideia de estimar até mesmo aqueles que estão cometendo erros é o foco do quarto verso dos Oito Versos para Treinar a Mente de Langri Thangpa:

> Quando encontrar pessoas de natureza perversa,
> dominadas por ações equivocadas e dor,
> que eu possa apreciá-las como algo raro,
> como se eu tivesse encontrado um tesouro precioso.[27]

Essa é a essência da abordagem do lojong: tomar situações que normalmente são consideradas obstáculos e transformá-las em oportunidades espirituais. Isso não é um jargão da New Age. É o genuíno Dharma do Buddha. Lembro-me de uma vez que fui visitar um lama tibetano tradicional que nunca tinha estado no Ocidente. Eu estava reclamando com ele sobre todos os problemas que estava tendo, e ele disse exatamente isso: "Se você diz que é um 'obstáculo', é um obstáculo. Se você diz que é uma 'oportunidade', é uma oportunidade". Tudo depende da forma como encaramos as coisas.

Precisamos desenvolver compaixão, bondade amorosa, paciência e generosidade com o comportamento dos outros. Precisamos cultivar um coração-mente aberto e flexível. Como podemos aprender essas qualidades se todos só fizerem e disserem tudo o que queremos que eles digam e façam? Nessa situação, poderíamos pensar: *Ah, que pessoa gentil e simpática eu sou. Todo mundo me ama e eu amo todo mundo.* Mas se amarmos todo mundo apenas porque todos nos amam, não teremos aprendido nada. A razão pela qual os reinos celestiais dos devas são con-

---

[27] Geshe Sonam Rinchen, *Eight Verses for Training the Mind*, trad. Ruth Sonam (Bouder: Snow Lion, 2001), 53.

siderados um beco sem saída espiritual é porque tudo lá é muito encantador. Temos belos corpos de luz, temos árvores que realizam desejos e pedras preciosas que concedem desejos. Tudo o que desejarmos, receberemos. Tudo é amor e paz.

Às vezes, quando tudo corre bem e lindamente, as pessoas não têm muito incentivo para praticar. Por que me preocupar em praticar se estou me divertindo tanto? Nos reinos celestiais, todos são belos e nunca envelhecem. Enquanto durar o bom karma que causou aquele renascimento, tudo é perfeito. Mas tudo é impermanente, e mesmo os reinos celestiais ainda estão dentro da roda do samsara. E como esse mérito não está rendendo juros, quando o saldo desse banco de mérito começar a diminuir e a se esgotar, teremos de partir dos reinos celestiais e renascer novamente. E, nesse meio tempo, não teremos aprendido nada.

Para nos incentivar no caminho, há a cenoura e o bastão. A cenoura é a garantia de que, com a prática, nos sentiremos melhor, mais calmos e claros, e nos sentiremos mais tranquilos dentro de nós mesmos. Seremos genuinamente capazes de beneficiar mais os outros seres sencientes e assim por diante. O bastão, ou chicote, são as dificuldades em nossa vida diária. Essas são as coisas que nos fazem desenvolver uma relação totalmente diferente com as circunstâncias adversas e com as pessoas difíceis, que é o que nos ajudará a cultivar a compaixão, a paciência, a bondade e a generosidade.

Portanto, sempre que encontrarmos "pessoas de má índole dominadas por seus fortes erros e sofrimentos", precisamos "valorizá-las como algo raro". Essas são as pessoas que nos ajudarão em nossa prática. As pessoas que são difíceis, as pessoas que nos desafiam de alguma forma são as pessoas que vão nos ajudar no caminho espiritual. Em vez de evitá-las, somos gratos a elas por seu apoio para nos ajudar a cultivar essas qualidades. Como poderíamos aprender de outra forma? Se não fizermos exercícios, nunca teremos músculos fortes. Por dentro, ficaremos espiritualmente flácidos. Podemos lidar bem quando tudo é bom e agradável e a estrada é suave e lindamente pavimentada. Mas quando ela fica um pouco esburacada, com valetas e buracos, não conseguimos dirigir. Nós simplesmente empacamos. Esse é o ponto mais importante.

Conheço uma história de um monge zen que era bastante pobre e vivia em um eremitério. Um dia, ao voltar para sua cabana, descobriu que ela havia sido arrombada e que tudo havia sido roubado — suas panelas e frigideiras, estoques de comida, tudo. Ele olhou em volta e saiu para a rua, era noite e a lua estava cheia. Ele olhou para o céu e disse: "Ah, eu gostaria de ter lhe dado a lua!" É um sentimento de que, independentemente do que os ladrões levaram, queremos que eles levem mais, queremos que eles sejam felizes. Se eles roubaram, é porque têm emoções negativas em suas mentes ou talvez estejam passando por uma grande necessidade. Se roubaram dinheiro, podemos pensar: *Espero que ele realmente precise desse dinheiro; talvez ele precise educar ou alimentar seus filhos. Espero que ele não use o dinheiro apenas para beber e faça um bom uso dele. Fico feliz por ele.* Se o dinheiro desapareceu de qualquer forma, por que se preocupar? Independentemente de o dinheiro ser devolvido ou não, a questão é que temos uma escolha: ou nos sentimos chateados, irritados e decepcionados, ou dizemos a nós mesmos: *Ah, que bom que esse karma foi resolvido. Espero que agora ele esteja satisfeito por ter feito um bom negócio. Que bom que hoje eu fiz um ser senciente feliz!*

Normalmente, não é a situação em si que causa o problema. É a nossa reação a ela que causa o problema. Quando criamos o sofrimento para nós mesmos, não é o agressor que está sofrendo. Temos o sofrimento da perda e o sofrimento do ressentimento, portanto, temos um sofrimento dobrado. Isso não significa que não devemos trancar nossas portas e tomar precauções sensatas, mas significa que, quando perdemos coisas, aceitamos que as perdemos e, na verdade, e daí? Quando acontecem coisas na vida que eu não quero que aconteçam, geralmente digo a mim mesma: *Se isso fosse a pior coisa que estivesse acontecendo no mundo neste momento, esta seria uma terra pura.* Porque, na verdade, a maioria dos nossos problemas é irrelevante em comparação com as coisas terríveis que estão acontecendo com outras pessoas neste momento. Então por que ficamos tão chateados? Falaremos mais sobre esse tema no verso 13.

13

TRAZER O SOFRIMENTO PARA O CAMINHO

> Se, embora eu não tenha feito nada de errado,
> alguém quiser cortar até a minha cabeça,
> tomar para si, movido pelo
> poder da compaixão,
> todas as ações negativas desse alguém
> é a prática do Bodhisattva.

Isso é relevante neste momento porque, em muitos países governados por regimes totalitários, inclusive no Tibete, muitas pessoas são arrastadas para prisões e selvagemente torturadas ou executadas sem que tenham cometido qualquer delito. Mais uma vez, isso não é apenas teoria, mas está de fato acontecendo em todo o mundo.

O Tibete é um bom exemplo. Muitos grandes lamas e outros foram aprisionados e tratados com crueldade, interrogados e torturados por vinte a vinte e cinco anos. Eles não haviam feito nada de errado nesta vida. Muitos deles eram grandes mestres. Provavelmente recitaram para si mesmos exatamente esse texto, que teriam aprendido quando eram jovens monges, porque quando foram libertados após anos de prisão em campos de trabalho forçado, em vez de ficarem amargurados e com raiva, sentindo que haviam desperdiçado suas vidas, eles saíram radiantes — magros, mas luminosos, com os olhos brilhando.

Como bem se sabe, Sua Santidade o Dalai Lama perguntou a um desses prisioneiros políticos qual tinha sido seu maior medo, e o ex-prisioneiro disse: "Meu maior medo era perder a compaixão pelos meus torturadores". É evidente que ele não perdeu a compaixão, pois ele irradiava esse amor. Também ouvimos esses praticantes verdadeiros dizerem como eram gratos por terem passado por essas dificuldades. Caso contrário, tudo isso seria apenas teoria, preceitos que podemos decorar. Mas, quando nos deparamos com alguém cujo único pensamento é nos prejudicar — mesmo que nunca tenhamos feito nada para prejudicá-lo nesta vida — qual será a nossa resposta? Bem, podemos reagir com raiva, medo, ódio e fantasias de retaliação, ou podemos pensar: *Essa pobre pessoa está agindo assim por causa de suas próprias delusões. Que triste! Eu tomo para mim toda a sua negatividade e dou a ela toda a minha virtude e meus méritos. Que eles sejam muito felizes, que encontrem a paz!* E quanto mais difícil for, mais oferecemos a eles compaixão e bondade amorosa. Isso pode ser feito. Podemos nos afundar — e acabar amargurados, vingativos e cheios de autopiedade — ou podemos superar e tomar tudo o que nos acontece como um ensinamento no caminho.

Embora poucos de nós possamos ser presos, espancados e interrogados, sempre há algumas situações que acontecem na vida, como pessoas que não agem como deveriam, sem nenhum motivo aparente. Por que elas precisam ser tão desagradáveis? Como agimos ou reagimos a elas? Será que tomamos isso como uma oportunidade para aprimorar nossa prática e beneficiá-las por meio de nossos pensamentos de amor e bondade — ou não? Agimos como pessoas comuns que nunca ouviram uma palavra sobre o Dharma? Às vezes, lembro às nossas monjas que não é o fato de termos a cabeça raspada e usarmos túnicas que nos torna praticantes do Dharma; é como reagimos às circunstâncias cotidianas. Se alguém faz algo que não queremos, fala conosco de forma rude ou nos critica, como reagimos?

Quando uma amiga nossa australiana dirige em estradas indianas, que são um grande desafio (especialmente quando alguém dá uma fechada em uma curva sem visibilidade ou para sem dar sinal algum), ela usa uma linguagem bem dura para expressar seus sentimentos e imediatamente acrescenta: "E que você esteja bem e feliz!" Portanto, contanto que nos lembremos dessa parte...

No caso de não termos feito nada de errado e os outros estarem sendo maldosos, outro ponto a ser considerado é que nós mesmos criamos as causas em vidas passadas. Nada acontece sem uma causa, seja nesta vida ou em alguma vida passada; essas sementes foram plantadas e agora estão brotando. Se respondermos com raiva, indignação ou medo, estaremos apenas criando mais karma negativo, ao passo que se respondermos com paciência, amor e compreensão, esse karma será completamente purificado.

Às vezes, recebo cartas de pessoas que insistem em dizer que tiveram alguma propriedade roubada ou que alguém abusou delas, talvez até trinta anos atrás. É muito triste. Continuo lembrando-as de que tudo isso aconteceu no passado. Deixem isso para lá e pensem no que vocês têm agora. Elas estão criando seu próprio sofrimento, muito mais do que a pessoa que as enganou. É como ter uma ferida que, se não tocarmos, começará a cicatrizar, mas se continuarmos coçando, ela só irá piorar e, no final, acabará se infectando e envenenando todo o nosso organismo.

Não podemos basear nossa vida na raiva, no ressentimento e no medo. Sua Santidade, o Dalai Lama, é um exemplo maravilhoso de como lidar com a opressão injusta de forma hábil, assim como Aung San Suu Kyi, que sofreu imensa pressão e enfrentou muitas dificuldades e, sem dúvida, muito medo sob aquele governo repressivo. Mas, ainda em prisão domiciliar, em vez de usar seu tempo para escrever cartas contundentes para o mundo todo sobre aquele governo terrível, ela meditou, leu livros, pensou de forma construtiva e tentou usar aquele tempo para se desenvolver internamente como uma bodhisattva.

Se estivermos diante de alguém que seja especialmente difícil, podemos tentar nos colocar no lugar dessa pessoa. Gostaríamos de ter a mente que ela tem? Como seria? Então, sentiremos uma compaixão natural, pois as pessoas não fazem mal aos outros a menos que elas mesmas estejam feridas internamente. Uma pessoa que está completamente feliz e em paz consigo mesma não precisa machucar os outros. No final, tudo se resume à nossa própria resposta interna — não o que acontece conosco, mas como lidamos com o que acontece conosco, tendo habilidade ou não. Dilgo Khyentse Rinpoche ensinou que "Em retribuição ao mal, o bodhisattva tenta ajudar e beneficiar."[28] Isso nos leva ao verso 14.

---

28 Khyentse, A Essência da Compaixão, 127.

14

NÃO RETALIAR QUANDO SOMOS PREJUDICADOS

> Mesmo que alguém me deprecie
> de várias maneiras,
> espalhando calúnias por todo o universo,
> louvar as qualidades dessa pessoa,
> movido pela bondade amorosa,
> é a prática do Bodhisattva.

Hoje em dia, é comum que, se alguém disser algo desagradável sobre nós, queiramos dizer algo desagradável sobre essa pessoa. Então, a pessoa diz algo ainda pior e nós reagimos de forma previsível e nada é resolvido. Isso só gera muitos sentimentos ruins, raiva e agressividade e, obviamente, essa não é uma boa maneira de nos comportarmos.

Se alguém faz alguma crítica a nosso respeito, a primeira coisa a considerar é se isso é verdade ou não. Será que estão apontando alguma falha oculta que não havíamos notado? Se for, devemos agradecer. Ou, se for totalmente falso, o que importa então? Se não for verdade, não é preciso ficar se defendendo porque a fofoca acabará desaparecendo como nuvens escuras no céu. No entanto, se, por exemplo, estivermos dirigindo um centro de Dharma e formos acusados de falsificar as contas ou algo assim e isso não for verdade, então é justo que tentemos provar nossa integridade. Caso contrário, esses falsos rumores podem prejudicar o centro de Dharma e levantar suspeitas contra outros também. No entanto, devemos fazer isso sem defensividade ou agressividade e, certamente, sem apontar um dedo acusador para a outra pessoa. De fato, em vez de retaliar, somos aconselhados a exaltar as qualidades dessa pessoa, como uma atitude de gentileza.

Portanto, quando alguém diz algo desagradável a nosso respeito, em vez de retribuir o favor, podemos dizer tudo o que pudermos pensar de realmente bom sobre essa pessoa. Não ficamos apenas fingindo e exagerando para que todos saibam que, na verdade, estamos apenas cerrando os dentes. Mas, genuinamente, a partir da bondade amorosa, do nosso bom coração, podemos apreciar as boas qualidades dessa pessoa. Assim, em vez de entrarmos em uma batalha, podemos neutralizar e acabar com o conflito. Se tivermos tomado veneno, nós não administramos outro veneno; nós usamos um antídoto. O antídoto para a crítica é o elogio; responder com elogios também pode enfraquecer a negatividade do outro porque ele não espera que possamos dizer coisas boas sobre ele. É bem possível que, ao ouvir esses comentários agradáveis, eles também comecem a mudar de opinião.

Antes de falarmos bem daquela pessoa, podemos cultivar nossos bons pensamentos sobre ela, falando a partir de uma mente de bondade amorosa. Podemos dizer a nós mesmos: *Embora eles possam ser difíceis, ainda assim, de minha parte, não revidei, eu realmente tentei trazer esse desafio para o caminho. Procurei pensar coisas boas sobre essa pessoa com sinceridade já que todos nós temos boas qualidades e algumas difíceis também, tentando pensar e agir como uma pessoa genuína do Dharma deveria fazer.*

Tudo se origina do cultivo da atitude correta em primeiro lugar. Não se trata apenas de fingirmos ser bodisattvas. A essência da nossa prática é aprender a superar nossa atitude de autoapreço. Portanto, em todas essas situações desagradáveis, o que dói? É a sensação de que eu fui prejudicado. Eu fui humilhado. Eu quero ter uma boa reputação. Eu quero que as pessoas digam coisas boas a meu respeito para que eu seja feliz. Mas, quando alguém diz coisas ruins a meu respeito ou não faz o que eu quero que faça, isso cria problemas para mim. Tudo gira em torno de mim.

Os bodhisattvas genuínos agem espontaneamente, sem essa noção de "eu" e "outro". Todas as tradições espirituais genuínas tentam lidar com o "pequeno eu" para que ele possa se dissolver e se expandir para algo muito maior. No budismo, há muitas maneiras de fazer isso — meditações sobre a vacuidade, meditações sobre a natureza da mente, vipashyana, Mahamudra, Dzogchen, tantra — tudo isso nos ajuda a ver através da delusão desse eu aparentemente sólido, eterno e imutável que está no centro: dissolvê-lo em estado desperto puro muito mais vasto e espaçoso.

Treinar o Lojong é fazer isso do ponto de vista dos pensamentos e emoções cotidianos porque podemos falar sobre a vacuidade, a natureza búdica e a natureza da mente, mas se alguém nos disser algo desagradável, nós vamos rosnar: "Sim, é tudo vazio sim, mas você disse..." Descobriremos que ainda não integramos essas ideias na aplicação prática em nossas vidas. O budismo nos ensina a praticar em todos os níveis, e este é o nível que lida com a vida cotidiana, os relacionamentos e as coisas desafiadoras que se apresentam. Como estamos reagindo? Estamos respondendo genuinamente como alguém que deseja sinceramente integrar o Dharma na própria vida ou apenas como uma pessoa comum?

É quando lidamos com situações cotidianas que podemos ver como estamos reagindo, não quando vamos aos centros de Dharma e cantamos lindamente. Na vida cotidiana, quando alguém faz algo de que não gostamos e nos magoa, como reagimos? Se ficarmos com raiva, contrariados e humilhados, não devemos ficar com raiva de nós mesmos por estarmos com raiva, pois isso cria uma espiral. Em vez disso, devemos refletir sobre o fato de que isso nos mostra quanto trabalho ainda temos a fazer. Ótimo, agora sabemos; podemos cultivar a humildade e tentar novamente. Talvez mais tarde possamos repetir essa cena e tentar imaginar uma resposta diferente e mais positiva. À medida que fazemos isso, gradualmente surgem novos padrões de comportamento.

Quando alguém diz algo ruim para crianças pequenas, elas ficam chateadas. Se tudo sair como elas querem, elas ficam felizes, mas quando isso não acontece, elas ficam perturbadas e, às vezes, perdem o controle de suas emoções. Isso acontece porque elas são pequenas e não sabem como lidar com seus sentimentos turbulentos. Mas agora já somos adultos, e o sinal de que somos realmente adultos e maduros é que somos capazes de lidar com nossas emoções e de ver o que não é útil e precisa ser mudado. Isso não acontece da noite para o dia, mas, gradualmente, podemos nos transformar até que, para nossa própria surpresa, descobrimos que, mesmo quando alguém faz algo realmente maldoso, na verdade não nos importamos. "E daí? Que você fique bem e seja feliz!" Então, temos a sensação de que talvez algo esteja realmente mudando dentro de nós. Dilgo Khyentse Rinpoche contou uma ótima história sobre como o lendário mestre Langri Thangpa, um monge puro e mestre da tradição Kadampa, lidava com fofocas e calúnias:

> Certa vez, perto da caverna onde estava meditando, morava um casal cujos filhos sempre morriam na infância. Quando nasceu mais um filho, consultaram um oráculo, que disse que a criança só sobreviveria se eles dissessem que ele era filho de um mestre espiritual. Assim, a

esposa levou o bebê para a caverna de Langri Thangpa e o colocou diante do sábio. Ela disse:

— Aqui está o seu filho — e saiu.

O eremita não respondeu nada; simplesmente pediu para uma mulher devota que ele conhecia que alimentasse e cuidasse da criança. Obviamente, sendo Langri Tangpa um monge, espalhou-se o boato sobre a paternidade da criança. Alguns anos depois, os pais do menino foram visitá-lo, levando muitas oferendas e, respeitosamente, disseram:

— Por favor, perdoe-nos. Embora você não tivesse a mínima culpa, nós consentimos que os rumores a seu respeito se espalhassem. A criança só sobreviveu devido à sua bondade.

Sereno, como sempre, Langri Thangpa devolveu o menino aos pais sem pronunciar nenhuma palavra.[29]

Aqui está o quinto verso dos *Oito Versos para Treinar a Mente* de Langri Thangpa:

Quando alguém por inveja me causar mal
insultando-me ou fazendo algo semelhante,
possa eu aceitar a derrota
e a ele oferecer a vitória.[30]

Quando as pessoas dizem coisas ruins a nosso respeito, quando são desagradáveis, usam palavras duras e nos criticam, o que devemos fazer? Normalmente, quando estamos contra os outros, nosso principal objetivo é acabarmos com eles e sairmos vitoriosos. Aqui, estamos invertendo toda a situação e pensando: "Se eles querem ser vitoriosos, que vençam. Que sejam felizes. Eu aceitarei a derrota. Está tudo bem. Isso não me prejudica. Se eles quiserem a vitória, podem ficar com ela".

Uma amiga minha na Austrália tinha um pai muito rico. Quando o pai morreu, houve uma disputa entre minha amiga e o irmão dela a respeito do testamento. Embora a propriedade e o dinheiro tivessem sido divididos meio a meio, o irmão dela disse que ela não deveria ficar com

---

[29] Khyentse, A Essência da Compaixão, 130.
[30] Geshe Sonam Rinchen, *Eight Verses for Training the Mind*, trad. Ruth Sonam (Bouder: Snow Lion, 2001), 57.

nada porque não estava morando onde o pai morava, não mantinha contato regular e, portanto, o irmão deveria ficar com tudo. Ele queria levar a irmã ao tribunal por causa disso e contestar o testamento.

Ela levava uma vida modesta, embora fosse uma mulher extremamente talentosa, mas seu irmão era um empresário rico, então ela pensou: *Sinceramente, será que quero ir ao tribunal? Ele é muito rico e vai contratar os melhores advogados. Eu só posso pagar o advogado mais barato. Então, terei de continuar indo ao tribunal por semanas, meses e talvez anos. Isso não só custará uma fortuna, como também criará muita amargura entre nós, e para quê? É verdade que não tenho muito dinheiro, mas e daí? O que tenho é suficiente. Se isso fará meu irmão feliz por ter todo esse dinheiro extra apesar de ele já ter tanto, então que ele fique bem e seja feliz!*

Então, ela não contestou o caso e permitiu que ele ficasse com todo o dinheiro. Ela simplesmente seguiu com sua vida, e ainda está seguindo. Não sei o que o irmão está fazendo. Duvido que ele esteja mais feliz por ter alguns milhões a mais. Mas ela estava livre porque se lembrou deste verso: "Possa eu aceitar a derrota e a eles oferecer a vitória". Ela deu a vitória a seu irmão. Mas, no final, ela obteve a verdadeira vitória porque estava livre. Ela não teve todas as preocupações e aborrecimentos de passar por um processo judicial amargo só por causa de dinheiro. Ao mesmo tempo, seu irmão provavelmente ficou satisfeito e feliz. Isso é bom e se torna uma situação em que todos saem ganhando.

Vamos pensar em alguns esportes em que há duas equipes. Uma delas certamente vencerá e a outra certamente perderá. Ficamos felizes pela equipe que vence. Ficamos tristes se a equipe de que gostamos perde e mais tristes ainda se fizermos parte da equipe que perde. Imagine se a equipe que perdeu se alegrasse com a vitória de seus adversários, e a equipe vitoriosa também aplaudisse a equipe que perdeu. Todos ficariam felizes, todos ganhariam. Somos nós mesmos que determinamos o que significa ganhar ou perder. Se pudermos simplesmente entregar alegremente a vitória aos outros, então também teremos vencido. Vocês entendem?

Obviamente, isso não significa que, se estivermos em uma situação de abuso, simplesmente permitiremos que o abuso continue acontecendo, ou se estivermos diante de alguém que esteja tentando nos enganar ou nos prejudicar, simplesmente permitiremos que essa pessoa saia impune. Além do fato de não querermos ser prejudicados, karmicamente isso também é ruim para eles. Nesse caso, o que precisamos é de um tipo de compaixão destemida que lide com essa situação negativa não com raiva ou medo, mas com um coração compassivo, reconhecendo que a outra pessoa está causando muitos problemas para si mesma e para os outros e precisa ser impedida.

A resistência paciente em si é um ponto forte; não é uma fraqueza. Ficar chateado, irritado e querer revidar é uma fraqueza. Mas ter a capacidade de se distanciar, olhar para a situação e decidir, a partir de uma atitude interna equilibrada, qual é a maneira mais hábil de agir — isso é força. Muitas vezes, a maneira mais hábil é simplesmente dizer: "Tudo bem, você venceu" e ir embora. Abandonar o fardo de ter que estar certo. Não há nenhum problema. Eles ficam felizes, você fica feliz. Todos ficam felizes. Isso nos leva ao verso 15.

15

RESPEITAR ATÉ MESMO NOSSOS INIMIGOS

> Mesmo que, em meio a uma multidão,
> alguém exponha minhas falhas
> ocultas e me insulte,
> honrar essa pessoa com respeito e
> considerá-la um amigo espiritual
> é a prática do Bodhisattva.

Novamente, a humilhação é a emoção que sentimos quando alguém não apenas diz algo desagradável ou crítico para nós em particular, mas também expõe nossas falhas na internet e até as anuncia para uma multidão de pessoas. Esse sentimento de humilhação inacreditável dá origem a uma raiva tremenda e ao desejo de revidar. Considere, por exemplo, a linguagem abusiva que as pessoas usam em comícios políticos... essas são as pessoas que vão governar o país! Elas tomarão grandes decisões que afetarão o mundo inteiro, mas não conseguem lidar nem mesmo com suas próprias mentes. Muitas vezes, estão tão fora de controle que chega a ser assustador. Onde estão os bodhisattvas?

Imagine se, durante uma sessão de perguntas e respostas após algum ensinamento do Dharma, alguém se levanta e insulta todas as minhas opiniões com uma linguagem muito crítica e expõe minhas falhas ocultas a todos os presentes. Nesse meio tempo, em que estava sentada confortavelmente em meu pequeno trono, sou jogada no chão, por assim dizer, e agredida. O que devo fazer? Bem, posso me defender: "Quem é você para me dizer isso? Como ousa desafiar minha autoridade?" ou, como Thogme Sangpo sabiamente recomenda, posso me curvar respeitosamente e considerar o crítico como um amigo espiritual. Por quê? Porque qualquer pessoa que revele nossas falhas ocultas é um grande amigo. Se fizer isso com uma linguagem insultante em uma grande reunião, é ainda mais nosso amigo, porque isso dá ao ego a oportunidade de subir em seu grande cavalo e atacar essa pessoa com uma espada erguida por ousar revelar a todos minha verdadeira natureza — ou melhor, minha natureza falsa — e minhas falhas ocultas. Porque essa é a humilhação suprema e revela o ego em toda a sua glória radiante. Assim, ele se torna evidente e nu. O ego fica exposto!

Certa vez, uma amiga me chamou em sua casa para traduzir um texto tibetano. Mais tarde, algumas de suas joias foram roubadas do quarto onde eu estava hospedada. Alguns dias depois, ela veio me visitar com outra amiga que se considerava vidente e afirmou ter tido uma visão que mostrava que eu havia roubado as joias. Foi muito interessante e eu fiquei em estado de choque — eu? O ego ficou absolutamente nu. Se alguém nos acusa, seja verdade ou não, temos essa sensação de nudez. Os lamas dizem que, às vezes, por meio do choque, podemos ter uma visão clara da natureza da mente porque, naquele momento, o pensamento conceitual desaparece. Infelizmente, eu não vi a natureza da mente, mas vi a natureza do ego.

Portanto, se alguém se levantar e nos insultar e expuser nossas falhas ocultas, quer as tenhamos ou não, devemos agradecer de coração. É importante saber onde estão nossas falhas. Algumas delas nós vemos, mas há outras que simplesmente não vemos e, até que algo aconteça para trazê-las à tona, nós nem sabemos que elas estão lá. Em vez de ficarmos na defensiva e chateados, devemos ser gratos e, como diz o ditado, considerar nossos acusadores como amigos espirituais. Dilgo Khyentse Rinpoche nos lembra de que, se quisermos ser seguidores genuínos do Buddha, nunca devemos retaliar quando nos sentirmos prejudicados. Ele sugere que nos lembremos do que chamamos de quatro princípios do treinamento positivo, que são:

> (1) se alguém o insultar, não responda com outro insulto; (2) se alguém ficar com raiva de você, não responda com raiva; (3) se alguém expuser suas falhas, não exponha as falhas dele, e (4) se alguém o atingir, não revide com outro golpe.[31]

---

[31] Khyentse, A Essência da Compaixão, 131.

16

DEMONSTRAR BONDADE QUANDO SOMOS INJUSTIÇADOS

> Mesmo que alguém de quem
> cuidei com carinho,
> como se fosse meu próprio filho,
> considere-me um inimigo,
> amá-lo ainda mais, como uma mãe
> ama um filho que está doente,
> é a prática do Bodhisattva.

Uma das coisas mais dolorosas de se aceitar é quando ajudamos e fazemos favores para outras pessoas e elas se voltam contra nós e nos tratam como inimigos. Pense, por exemplo, em pais que fizeram muito por seus filhos — criaram com amor e lhes deram educação — e, então, o filho chega à adolescência e se volta contra os pais, colocando a culpa de todos os seus problemas neles e demonstrando total ingratidão. Nesses momentos, há uma dor dupla porque, primeiro, os pais ficam preocupados com o que o filho fará e, segundo, ficam magoados com o comportamento do filho.

Essa situação é muito comum entre irmãos. Há muitos irmãos e irmãs que acionam a Justiça uns contra os outros, geralmente por causa de dinheiro e disputas de propriedade. Como no caso que mencionei anteriormente, em que o pai morreu e houve uma briga para saber quem ficava com o quê. Muitas vezes, esses irmãos acabam se tornando inimigos, embora quando crianças talvez se amassem e cuidassem um do outro. Outro exemplo são os amigos que fazem negócios juntos, confiam um no outro, mas um deles desvia dinheiro ou faz algo igualmente prejudicial e danoso.

Minha mãe era proprietária de uma peixaria deixada por meu falecido pai e costumava trabalhar lá, mas meu tio, irmão de meu pai, era quem realmente comprava e vendia os peixes. De tempos em tempos, minha mãe comentava que os negócios iam bem, mas parecia que estávamos tendo pouco lucro. Então, um dia, meu tio ficou doente e minha mãe teve que ir ao mercado para comprar os peixes. No mercado, eles se recusaram a lhe vender qualquer peixe porque disseram que nossa loja já estava com uma dívida de mais de £2.000! Naquela época, isso era uma quantia enorme de dinheiro. Acontece que meu tio era um jogador inveterado e havia apostado todo o nosso dinheiro em corridas de cavalos. Em vez de termos um bom lucro, o que de fato acontecia, estávamos extremamente endividados. Como ele era seu cunhado, minha mãe confiou nele totalmente durante todos esses anos em que ele nos enganou e nos deixou sem dinheiro. Mas minha mãe só sentia pena dele e de sua esposa. Por fim, ele se aposentou da loja e teve de trabalhar em outro lugar para pagar a dívida.

Fora isso, ela não fez nada. Ela não o levou ao tribunal e não falava mal dele. Ela apenas aceitou que era triste que ele tivesse esse vício em jogos de azar e que ele deveria tentar se curar. Ela nunca falou muito sobre isso e não guardou rancor em seu coração. Ela simplesmente seguiu com sua vida. Dilgo Khyentse Rinpoche sugere:

> Deparar-se com alguém que o magoe profundamente é como encontrar um tesouro raro e precioso. Tenha a pessoa em alta estima e aproveite ao máximo essa oportunidade de eliminar os próprios defeitos e progredir no caminho. Se ainda não consegue sentir amor e compaixão por aqueles que o tratam mal, é um sinal de que a sua mente ainda não se transformou por completo e você deve continuar se empenhando com dedicação redobrada.[32]

É claro que minha mãe não sabia nada sobre como tratar meu tio como um tesouro raro e precioso, mas ela certamente não carregava meu tio como um grande ressentimento e raiva em seu coração. Ela simplesmente sentia pena dele e essa compaixão transformou a situação.

Essa prática é bastante útil. Quando uma criança está vomitando e mal-humorada porque está doente, a mãe não sente ódio dela. Na verdade, ela ama o filho ainda mais porque ele está sofrendo.

Da mesma forma, se as pessoas nos tratam mal mesmo que tenhamos sido gentis com elas, de certa forma é porque estão doentes. Uma

---

[32] Khyentse, A Essência da Compaixão, 134.

pessoa que é internamente equilibrada e saudável não agiria dessa forma. Portanto, obviamente, ela tem muitos problemas internos e é assim que está reagindo. Em vez de ficarmos chateados e com raiva, podemos tratá-los como uma mãe trata um filho doente, dando-lhes ainda mais carinho e compreensão.

Este verso dos Oito Versos para Treinar a Mente sugere que, mesmo que as pessoas que tratamos bem nos tratem mal, nossa compaixão não deve ser menor do que a compaixão que sentimos por uma pessoa que amamos e que precisa de nossa ajuda:

> Ainda que alguém que eu tenha ajudado
> e em quem eu tenha depositado minhas esperanças
> faça um grande mal ao me prejudicar,
> que eu possa vê-lo como um excelente amigo espiritual.[33]

Mesmo que alguém em quem confiamos e que ajudamos no passado se volte contra nós e tente nos prejudicar por meio de sua fala ou de suas ações, em vez de nos sentirmos chateados e com pena de nós mesmos ou de querermos nos vingar, podemos vê-lo como nosso amigo espiritual mais precioso. Por quê? Porque ele está nos ensinando a mais difícil das qualidades: resistência paciente ou tolerância, que é uma das seis paramitas ou virtudes perfeitas necessárias no caminho do bodhisattva em direção ao despertar, ou estado búdico.

Com toda certeza, nós precisamos praticar a tolerância ou a resistência paciente, e não podemos fazer isso a menos que alguém ou alguma coisa realmente nos aborreça. Quando alguém de quem gostamos se vira contra nós e nos prejudica, e isso nos faz sentir magoados e com raiva, em vez de querermos nos vingar ou ficarmos cheios de autopiedade, podemos pensar: *Ah, muito obrigada, você é muito gentil. Você agiu de forma desprezível, mas sou muito grata! Sem a sua ajuda, como eu poderia praticar essa qualidade tão preciosa? Na verdade, você é como meu professor. Você está espelhando minhas próprias deficiências porque, se você diz algo de que não gosto, entro em desespero e fico com raiva. O problema não é você. Aqui, o problema sou eu. Vou aprender a cultivar a bon-*

---

[33] Geshe Sonam Rinchen, *Eight Verses for Training the Mind*, trad. Ruth Sonam (Bouder: Snow Lion, 2001), 63.

dade amorosa, a compaixão e a paciência diante de seus maus-tratos e de suas ações ofensivas.

Isso não é totalmente idealista. Os principais exemplos da aplicação dessa prática são os lamas e professores tibetanos, monges e monjas que mencionei no capítulo 13, que foram colocados na prisão, interrogados e, muitas vezes, terrivelmente torturados, embora não tivessem feito nada de errado. Quando finalmente foram libertados dessas prisões, depois de vinte ou trinta anos, muitos deles, em vez de estarem amargurados e destruídos, estavam radiantes e cheios de amor e compaixão. Eles não passaram o tempo ressentidos com seus torturadores, planejando vingança ou nem mesmo tentando imaginar o karma ruim que haviam criado para estarem naquela situação. Em vez disso, usaram essas circunstâncias para cultivar qualidades como amor, compaixão, paciência e tolerância, que até então estavam apenas estudando e debatendo. Eles eram gratos aos seus torturadores por terem lhes dado a oportunidade de praticar essas qualidades: "Sem eles, como eu teria aprendido?", diziam "Eles foram muito úteis no caminho."

Esses são exemplos atuais, da vida real, e não de algum tipo de mundo de fantasia. Para que possamos trazer as circunstâncias mais difíceis para o caminho e transformá-las, precisamos de condições para praticar.

Todos esses versos falam sobre não se aborrecer, não causar uma ferida em dobro. Que benefício traz guardar ressentimento em nosso coração e ficar remoendo esse ressentimento? Não nos faz felizes, não ajuda nem prejudica a outra pessoa e cria um karma negativo para nós. Criamos para nós mesmos o que somente nossos piores inimigos nos desejariam. É melhor praticar a paciência e a tolerância e seguir em frente.

17

RESPEITAR AQUELES QUE NOS DESRESPEITAM

> Mesmo que uma pessoa,
> igual ou inferior a mim,
> tomada pelo orgulho, faça o
> possível para me humilhar,
> ter por ela a mesma consideração
> que tenho por meu professor,
> que está acima de minha cabeça,
> é a prática do Bodhisattva.

Mais uma vez, essa é uma forma de lidar com o ego e com o sentimento de humilhação. Se pessoas comuns, como nossos amigos ou aqueles que nos servem ou trabalham para nós de alguma forma — funcionários, motoristas de táxi, coletores de lixo, garçons e assim por diante — criam problemas para nós e dizem coisas ruins a nosso respeito, em vez de tentar humilhá-las em retribuição, nós as elevamos. Por quê? Porque eles estão nos revelando nosso próprio orgulho, arrogância e estreiteza de visão e o quanto nos ressentimos quando as pessoas nos tratam de uma forma que não queremos ser tratados.

Dilgo Khyentse Rinpoche explicou isso da seguinte forma:

> Veja e respeite essas pessoas como professores bondosos que estão lhe mostrando o caminho à liberação. Reze para ser capaz de fazer o melhor possível por elas. Seja lá o que aconteça, nunca, nem por um instante, busque a vingança. Em especial, é louvável ter a capacidade de tolerar pacientemente o desdém e a injúria daqueles que não tenham a mesma educação, força e habilidades que você tem. Manter a humildade, tolerando os insultos com paciência, é uma forma muito eficaz de ir contra a tendência arraigada de se interessar exclusivamente pela própria felicidade ou prazer.[34]

---

[34] Khyentse, A Essência da Compaixão, 135.

Muitas vezes, temos uma atitude que nos faz querer que as pessoas nos admirem e nos tratem bem. Quando as pessoas nos tratam bem, ficamos sorridentes e simpáticos. Porém, quando as pessoas nos criticam ou não nos dão o respeito que achamos que merecemos, ficamos chateados e achamos que a culpa é delas. Mas, novamente, em vez de ficarmos chateados e infelizes, podemos sentir gratidão e refletir sobre a sorte que temos, pois, sem adversários, como poderíamos trilhar o caminho do bodhisattva? Podemos pensar: "Obrigada. Obviamente, meu bom karma trouxe vocês para que eu possa melhorar cada vez mais. Isso é maravilhoso! Sou muito grata a você por ser tão difícil, mas, ao mesmo tempo, tenho compaixão porque sua atitude é horrorosa e realmente espero que, de agora em diante, você se sinta bem e seja feliz! — e fale com sinceridade."

Manter o senso de humor também é útil, pois ele ajuda a dissipar a raiva e a humilhação. Se conseguirmos ver o lado engraçado das coisas, poderemos sorrir. O ego detesta que riam dele; ele se leva muito a sério por isso é importante praticar não se levar tão a sério sempre que houver oportunidade.

Nos Oito Versos para Treinar a Mente, Langri Thangpa sugere que adotemos a seguinte abordagem como antídoto:

Sempre que eu estiver na companhia de outros,
possa eu me considerar inferior a todos,
e do fundo do meu coração
apreciá-los como supremos.[35]

Na verdade, o texto tibetano diz: "Possa eu me ver como inferior a todos os outros seres e considerar os outros seres superiores a mim". No Tibete, de modo geral, as pessoas tinham alta autoestima. Até mesmo pessoas bastante humildes sentiam-se bem consigo mesmas. Esse era um dos motivos pelos quais eles eram um grupo de refugiados tão exemplar quando deixaram o Tibete e foram para o exílio na Índia e no Nepal. Depois de terem perdido tudo e testemunhado as coisas mais horríveis, incluindo a destruição de sua religião e cultura, e de terem passado me-

---

[35] Geshe Sonam Rinchen, *Eight Verses for Training the Mind*, trad. Ruth Sonam (Bouder: Snow Lion, 2001), 40.

ses tentando escapar, eles não ficaram tão traumatizados quanto poderiam. Eles ainda eram alegres, gentis e otimistas em relação ao que iriam realizar no futuro.

Um dos motivos para isso era sua fé incrivelmente profunda. Quando os tibetanos fugiram, muitos grandes lamas também fugiram. Os refugiados tibetanos tinham seus lamas com eles, além de sua enorme devoção ao Dharma. Isso os manteve fortes. Mas eles também lidaram melhor do que o esperado porque tinham uma sensação inabalável de bem-estar dentro de si. Mesmo com circunstâncias externas tão adversas, internamente eles ainda eram fortes.

Mas tenha em mente que este texto, Os Oito Versos para Treinar a Mente, foi escrito por um importante lama sentado em seu grande trono que se dirigia a todos os outros abades e estimados monges. Portanto, dizer: "Que eu possa me ver como inferior" era uma maneira interessante de esses lamas verem a si mesmos. Eles naturalmente considerariam sua posição superior como algo garantido em sua sociedade. Portanto, incentivá-los a assumir uma posição inferior era algo bom para eles. O texto original diz: "Sempre que eu estiver na companhia de outros, que eu me considere o menos importante". Aqui ele é traduzido como "Que eu possa me considerar inferior a todos". Acho que esse é o sentido mais exato.

Há várias versões de uma história sobre um encontro entre Sua Santidade o Dalai Lama e eminentes neurocientistas e psicólogos durante uma conferência do Mind and Life. Ao que parece, Sua Santidade estava falando sobre como, na companhia de outras pessoas, a pessoa poderia treinar para se ver como a mais inferior. Em resposta a isso, um desses eminentes psiquiatras disse: "Sim, mas e quanto à baixa autoestima?" Sua Santidade não entendeu e perguntou ao seu tradutor o que o psiquiatra queria dizer. O tradutor presumivelmente tentou traduzir o termo "baixa autoestima" em tibetano, para a qual não há palavra. Sua Santidade pensou um pouco e depois disse: "Acho que é muito raro". O psiquiatra voltou-se para seus eminentes colegas e perguntou: "Quem aqui sofre de baixa autoestima e ódio de si mesmo?" Todos levantaram a mão.

Para Sua Santidade, aquilo provavelmente foi uma revelação porque os ocidentais sempre parecem saber tudo e andam pelo mundo dizendo a todos como devem fazer as coisas. Nós exibimos uma fachada de total confiança e crença em nós mesmos. Somente quando tiramos essa máscara é que descobrimos que, por baixo dela, há baixa autoestima, críticas internas, um sentimento interno de fracasso e assim por diante, mascarados por essa aparência de total confiança.

Os quatro Brahma-viharas (quatro qualidades incomensuráveis) de bondade amorosa, compaixão, alegria e equanimidade são tradicionalmente praticados enviando esses pensamentos positivos primeiro para nós mesmos, depois para aqueles por quem sentimos afeição, para aqueles por quem nos sentimos neutros, para aqueles com quem temos problemas e, finalmente, para todos os seres vivos. O principal tradutor do Dalai Lama, Geshe Thupten Jinpa, quando começou a ensinar sobre os Brahma-viharas nos Estados Unidos, descobriu, para sua surpresa, que os americanos não conseguiam amar a si mesmos. Eles tinham uma tremenda resistência a oferecer bondade amorosa e compaixão a si mesmos. Ele teve que mudar a sequência e disse: "Comece com alguém que você ama. Comece com seu parceiro, seus filhos, seus pais, seu cachorro ou seu gato de estimação, ou qualquer outra pessoa que você ame. Simplesmente lhes ofereça bondade amorosa. Imagine como seria maravilhoso se eles fossem felizes e livres de sofrimento. Depois, quando sentir esse brilho cálido dentro de você, direcione-o para si mesmo."

Se esse verso for traduzido literalmente como significando "o mais inferior", podemos reagir pensando: *Ah, olhe só para mim. Sou um caso perdido, um estúpido. Os outros são tão maravilhosos, mas eu não, sou inútil*. Quando já temos baixa autoestima, esse tipo de interpretação nos faria sentir mais deprimidos e sem esperança, e essa não é a intenção. No budismo, orgulho significa pensar que somos superiores a outras pessoas, mas também significa pensar que somos inferiores a outras pessoas. Se eu pensar: *Ah, eu sou a pessoa mais estúpida aqui, sou uma negação, não consigo fazer nada. Todas essas pessoas são fantásticas. Quando estão em retiro, estão profundamente no primeiro dhyana ou, pelo menos, no samadhi. Eu sou a única que fica presa em todos esses pensamentos errantes*. Isso não é humildade. Isso é apenas o inverso do apego ao ego – é a mente dualista batendo em si mesma. O ego fica feliz em ser infeliz porque, se formos infelizes, especialmente cheios de autopiedade sobre como somos horríveis, irremediáveis e estúpidos, no que estaremos pensando? Em mim, em mim, em mim. Pobre de mim! Ah, eu sou estúpido! Eu sou inútil! Eu. E então contratamos terapeutas e ficamos sentados falando sobre nós. Se nosso senso de identidade for saudável, não precisaremos pensar muito em nós mesmos porque estaremos pensando nos outros. Podemos nos livrar de nós mesmos.

Portanto, aqui, se esse verso for traduzido como "Sempre que estou na companhia de outras pessoas, que eu me considere menos importante", a mensagem será mais precisa. Quando nos encontramos com outras pessoas, nós as consideramos mais importantes e mais interessantes. Nossa atenção está voltada para as outras pessoas, para fazê-las felizes. Nossa atenção não deve estar voltada para o que elas estão pensando sobre nós. Não deveríamos estar pensando: "Será que gostam de mim? Será que não gostam de mim? Será que causo uma boa impressão? Será que me acham uma idiota? Blá, blá, blá." Se ficarmos pensando dessa forma, estaremos presos em nosso ego e não conseguiremos ver nem ouvir profundamente a outra pessoa porque estamos muito ocupados falando conosco sobre nós mesmos. O que importa sobre nossa atitude quando nos encontramos com outras pessoas é que a outra pessoa, seja ela quem for, naquele momento é a pessoa mais importante do mundo porque é com ela que estamos. Quando temos essa atitude, podemos sair do caminho e realmente enxergar a outra pessoa. Podemos realmente escutá-la.

Essencialmente, é isso que Langri Thangpa está dizendo: na companhia de outras pessoas, simplesmente saia do caminho. Essa pessoa à nossa frente, seja lá quem for, é a pessoa mais importante naquele momento porque é com ela que estamos agora. É por isso que ele diz: "e, do fundo do meu coração, estimar os outros e considerá-los supremos".

Em outras palavras, todos os seres querem estar bem e felizes. Eles não querem sofrer. Podemos ter ideias estranhas sobre onde está a nossa felicidade, mas, mesmo assim, todos nós preferimos nos sentir bem do que sofrer. Além disso, como disse Buddha, "Para cada um, seu próprio ser é o mais precioso". Em outras palavras, cada indivíduo é o centro de seu próprio universo até o despertar. Uma maneira de ajudar a dissolver essa autoabsorção, essa preocupação constante com nós mesmos, é valorizar os outros como os mais preciosos, os mais importantes — porque, assim como nós, eles preferem ser felizes a ser infelizes. Quem não preferiria? Além disso, há zilhões de outros seres e há apenas um pequeno eu. Pelo simples peso numérico, os outros seres são mais importantes.

As pessoas estão sempre reclamando que não têm tempo para praticar. Que bobagem! Quando estiver sentado em um avião ou em um trem ou presos em um engarrafamento, cercados por muitas outras pessoas, imagine-se enviando raios de luz dourada de amor e compaixão para todas essas pessoas que, geralmente, não parecem estar muito felizes. Envie-lhes amor. Imagine que, repentinamente, seus corações se enchem de alegria. Isso não seria maravilhoso? Todos esses seres adorariam sentir alegria. Deseje isso para eles. Imagine que isso está acontecendo. Não precisamos nos sentar na cadeira com as pernas cruzadas, muito menos enquanto dirigimos. Basta relaxar e imaginar. Talvez apenas dê um sorriso intencional e genuíno de coração. Que lindo se todas essas pessoas estivessem bem e felizes, livres do sofrimento e com todos os seus problemas resolvidos. Muito felizes. A essência disso é simplesmente estimar todos os seres. Cada ser é absolutamente importante para si mesmo. Ao nos lembrarmos disso, nós lhes damos amor e lhes desejamos o melhor.

Todos esses versos, tanto de Langri Thangpa quanto de Thogme Sangpo, tratam repetidamente de situações que surgem em nossos relacionamentos com os outros, nos causando dor e mágoa. A questão é como transformar essa dor e trazê-la para a nossa prática e, ao mesmo tempo, cultivar as qualidades que estamos tentando cultivar. Não há problema em sentar em nossas almofadas e pensar: *Que todos os seres fiquem bem e sejam felizes. Que todos os seres se livrem do sofrimento*. Mas, quando esses seres aparecem bem na nossa frente e fazem coisas desagradáveis e indelicadas ou dizem coisas como: "Você tem apenas quarenta e oito horas para sair do país", como me foi dito em minha caverna de retiro há tantos anos, então esses são os seres sencientes que queremos que fiquem bem, sejam felizes e livres do sofrimento. Esse é o ponto.

Esse é um ensinamento prático sobre como aproveitar as dificuldades da vida sem se chatear, sem ficar tenso ou reativo, e também sem ficarmos tensos em relação a nós mesmos. Porque, se estivermos realmente distribuindo bondade amorosa e compaixão, essas são emoções calorosas que também curam nosso próprio coração. Enquanto estamos transmitindo bondade amorosa e compaixão aos outros, também estamos transmitindo bondade amorosa a nós mesmos. Somos seres sencientes, e somos o ser senciente pelo qual somos mais responsáveis, portanto, definitivamente, precisamos enviar muita bondade amorosa e compaixão para nós mesmos também. De fato, se genuinamente tivéssemos bondade amorosa e compaixão por nós mesmos, naturalmente teríamos pelos outros; essas qualidades transbordariam naturalmente.

A razão pela qual ficamos chateados e com raiva rapidamente é porque, internamente, não nos sentimos em paz com nós mesmos e, ironicamente, como estamos sempre nos criticando, ficamos na defensiva quando os outros também nos criticam.

Também temos que trabalhar para cultivar nosso coração para que se torne mais aberto, espaçoso, amoroso e sereno, começando de onde estamos agora para que, gradualmente, a benevolência possa começar a se irradiar naturalmente. Caso contrário, se estivermos muito tensos como um tambor, tudo o que nos toca faz um barulho alto. Mas se estivermos relaxados e macios por dentro como algodão, mesmo que algo nos atinja, não fará nenhum barulho. Dentro de nós, devemos nos sentir relaxados e em paz, bem humorados, mais à vontade com nós mesmos para que tudo o que acontecer fora de nós não seja tão difícil de lidar; conseguiremos lidar com o que quer que aconteça.

Precisamos entender que esse texto de Thogme apresenta o auge de como um grande bodhisattva age naturalmente. Embora não possamos agir espontaneamente da maneira recomendada nesses versos toda vez que esses eventos ocorrerem, nós os tomamos como um programa de treinamento. Quando nos sentamos para tocar piano pela primeira vez, não conseguimos tocar imediatamente uma sonata de Beethoven. Começamos com escalas e tocamos todas as notas erradas. Pode parecer terrível, mas, se continuarmos praticando e praticando, a música acabará fluindo. Da mesma forma com nossa mente, quando essas situações surgirem, talvez ocorram ocasiões em que pensaremos: "Agora, pare um minuto; esta é minha oportunidade de praticar". Por isso, chamamos isso de treinamento da mente. Estamos treinando para não reagirmos de forma inábil com reações negativas, mas com compreensão e compaixão.

É por isso que é bom memorizar alguns dos textos de lojong, como os Oito Versos para Treinar a Mente e os Trinta e Sete Versos sobre a Prática de um Bodhisattva. Podemos trazer um verso à mente rapidamente, e ele será um lembrete de como agir como um praticante genuíno, em vez de apenas uma pessoa comum. Tenho certeza de que se alguém se levantasse no meio de uma grande assembleia e começasse a insultar Sua Santidade o Dalai Lama, ele riria e olharia para ele com grande compaixão. Sua Santidade não se sentiria insultado ou chateado, nem começaria a responder com insultos. É claro que os seguranças viriam, mas a reação espontânea de Sua Santidade seria apenas de compaixão.

Sua Santidade costuma dizer que, quando menino, tinha um temperamento muito ruim, por isso o lojong tem sido uma de suas principais práticas. Obviamente, ele usou todas as coisas terríveis que aconteceram em seu próprio país e com seu amado povo para desenvolver cada vez mais compaixão e cada vez menos raiva, retaliação e amargura. Definitivamente, ele deve ver esta vida como um grande programa de treinamento porque ela é implacável. No entanto, ele nunca perde a compaixão e é por isso que ele é universalmente amado. Podemos ver diante de nós um exemplo de como reagir com habilidade mesmo nas circunstâncias mais difíceis. Isso pode ser feito.

18

SER COMPASSIVO QUANDO AS COISAS FICAM DIFÍCEIS

> Mesmo destituído de tudo e
> sempre caluniado por todos,
> afligido por doenças graves e sendo
> vítima de influências maléficas,
> ainda assim, tomar para si o sofrimento
> e os delitos de todos os seres,
> sem desanimar, é a prática do Bodhisattva.

Este verso também enfatiza a prática de tonglen para alguém que está sofrendo, que está doente ou que tem algum problema. Visualizamos a pessoa tomando seu sofrimento para nós. Mas também podemos praticar para nós mesmos, caso estejamos sofrendo, doentes ou feridos, ou quando algo difícil estiver acontecendo conosco ou se estivermos completamente desamparados. Em vez de ficarmos desesperados, podemos praticar tonglen e pensar em todos os seres do mundo que estão sofrendo o mesmo que nós estamos sofrendo agora. Podemos dizer: "Que todo o sofrimento deles amadureça em mim e que eles se libertem de seu sofrimento. Que todas as minhas boas qualidades inerentes, o potencial infinito de minha natureza búdica, juntamente com qualquer bom karma que eu possa ter acumulado, que tudo isso seja dado a eles. Que eles se libertem do sofrimento e que todo o sofrimento deles amadureça em mim".

Dessa forma, surpreendentemente, não acabamos nos sentindo totalmente desesperados e com pensamentos suicidas. Na verdade, o que acontece é que sentimos uma espécie de empoderamento interno e encontramos um significado e um propósito para nosso sofrimento. Não ficamos só pensando *pobre de mim*. Como sugere Dilgo Khyentse Rinpoche:

> O sofrimento pode, na verdade, ser útil de muitas formas. Ele estimula a motivação e, como é visto em muitos ensinamentos, sem o sofrimen-

to não haveria a determinação de libertar-se do *samsara*. A tristeza é um antídoto eficaz para a arrogância.[36]

Com essa atitude frente ao sofrimento, nos sentimos dispostos a sermos o representante de todos os outros seres do mundo. Podemos pensar: *se o sofrimento deles pudesse ser meu, eu ficaria muito feliz* — exatamente como uma mãe que se alegra ao tomar para si a dor de seu filho. Quando somos atingidos pelo sofrimento, podemos abrir nosso coração para além de nossa própria dor pessoal e reconhecer a universalidade daquela angústia em particular.

Podemos também praticar se perdermos um ente querido, pensando: *Que a dor de todos aqueles no mundo que sofreram a perda de um marido, de um filho ou de um pai, que toda essa dor venha para mim. Eu tomarei o sofrimento deles para mim. Que todos eles se livrem do sofrimento.* Essa pode ser uma prática difícil, mas o coração se abre quando reconhecemos que esse é um problema universal. Muitas pessoas, neste momento, neste mundo, estão sofrendo como eu estou sofrendo. Que tristeza! Isso é útil porque nos impede de ficarmos tão presos em nossa própria dor a ponto de não conseguirmos enxergar a dor dos outros: *não me importo com o sofrimento dos outros, o que realmente importa é o meu sofrimento.*

Essa também é uma maneira habilidosa de trazer o sofrimento para o caminho. Obviamente, se estivermos sofrendo, tentaremos nos recuperar, mas, enquanto isso, podemos usar essa prática como uma forma de nos conectarmos com outros seres que compartilham esse mesmo problema. Não somos os únicos e, por isso, surge a aspiração sincera nascida da compaixão: *Não seria maravilhoso se eu pudesse tomar para mim todo o sofrimento deles e eles ficassem livres disso? Fico feliz em sofrer o máximo que for possível se os outros puderem ficar livres.* Assim, esse sofrimento não é sentido como sofrimento.

O Buddha disse que há dois tipos de sofrimento: um é a dor física que é inevitável enquanto tivermos este corpo humano. O outro é a dor mental que pode ser evitada. Uma maneira de fazer isso é abrir o coração para a dor dos outros em vez de permitir que a nossa dor nos torne mais introvertidos, sentindo mais pena de nós mesmos. Mais uma vez,

---

[36] Khyentse, A Essência da Compaixão, 136.

essa é uma prática importante do lojong — trazer o sofrimento para o caminho e usá-lo para desenvolver compaixão e empatia. Geralmente, quando sofremos, ficamos presos em nossa própria masmorra de miséria, mas essa prática abre as portas e as janelas, permitindo-nos ir além de nós mesmos.

19

RECONHECER O QUE É VERDADEIRAMENTE VALIOSO

> Embora eu possa ser famoso e
> respeitado por muitos,
> e tão rico quanto o próprio
> Deus da Prosperidade,
> ver que as riquezas e glórias do mundo
> são desprovidas de essência,
> e não ter arrogância, é a
> prática do Bodhisattva.

Comparado com as dificuldades enormes dos versos anteriores, o verso 19 parecerá um pouco mais otimista. De modo geral, algumas pessoas são boas em lidar com o infortúnio e enfrentar as dificuldades no caminho, mas, assim que as coisas começam a dar certo, elas se desestruturam espiritualmente. Outras, porém, conseguem praticar bem quando as coisas vão bem, mas quando algo dá errado, elas não sabem como lidar com a situação com habilidade. Geralmente, ficamos em um ou no outro extremo e precisamos trazer equilíbrio para nossa vida, quer tudo esteja indo muito bem, quer surjam problemas e obstáculos para nos desafiar. Seja como for, sem esperança ou medo, estamos aprendendo a aceitar o que vier e utilizar como caminho.

O samsara é frequentemente descrito como um oceano, e os oceanos têm grandes ondas: às vezes subimos e às vezes descemos. Precisamos desenvolver a equanimidade interna para que, aconteça o que acontecer, possamos manter a quietude interna e sermos capazes de lidar com as situações de maneira hábil, sem nos deixarmos levar pelo pesar ou pela euforia.

Depois de nos mostrar como lidar com todas as coisas horríveis que podem nos acontecer, Thogme Sangpo agora está dizendo que, mesmo que as coisas corram bem, que sejamos famosos e ricos e que todos nos adorem, ainda assim não devemos nos apegar a isso, já que não podemos levar nada disso conosco. Não importa quão ricos sejamos, quantos amigos tenhamos, quão grande seja nossa família ou quantos milhares de devotos nos rodeiem, ainda assim, na hora da morte, partiremos de mãos vazias e sozinhos. Dilgo Khyentse Rinpoche deixa isso bem claro:

> Um bodhisattva vê que riqueza, beleza, influência, prosperidade, linhagem familiar — na verdade, todas as preocupações comuns desta vida — são tão passageiras quanto um relâmpago, tão efêmeras quanto uma gota de orvalho, tão ocas quanto uma bolha, tão transitórias quanto a pele de uma cobra. Ele nunca é presunçoso ou orgulhoso, sejam quais forem as realizações mundanas e os privilégios de que desfrute.[37]

Hoje em dia, vemos pessoas que são muito ricas até que cometem um único erro no mercado de ações e acabam falindo. Se dependermos de riqueza, sucesso e popularidade para sermos felizes, estaremos em uma posição frágil porque tudo é impermanente. Vemos isso hoje na mídia, pessoas que são figuras mundialmente populares em um minuto e arrastadas para a lama no minuto seguinte. Até mesmo pessoas como Madre Teresa e Gandhi, que têm uma reputação muito elevada, só são reverenciadas até que alguém escreva um livro calunioso sobre elas. Muitas pessoas não gostam que ninguém seja considerado superior a elas e gostam de ler livros e artigos que parecem derrubar figuras reverenciadas e provar que todos são tão ruins quanto qualquer outro. Não veem necessidade de tentar melhorar a si mesmos.

Se vincularmos nosso senso de identidade e felicidade puramente a valores externos e ao que as outras pessoas dizem a nosso respeito, sempre nos sentiremos inseguros. A natureza de todas as coisas é mudar e, como diz Thogme Sangpo, "A riqueza e a glória deste mundo são desprovidas de essência". As pessoas podem dizer as coisas mais fantásticas a nosso respeito, sejam elas verdadeiras ou falsas e, na verdade, isso não altera nada — não muda quem somos nem nos torna mais felizes. As pessoas podem ter um milhão de jatinhos corporativos, mas isso as torna mais felizes? Não. Isso não faz com que elas se sintam melhores internamente. Muitas pessoas ricas e famosas estão sob muita pressão para

---

[37] Khyentse, A Essência da Compaixão, 138.

poderem manter essa imagem externa glamorosa. Elas têm pavor de perder sua glória e de que alguém apareça e seja mais popular. Imagine a enorme tensão a que estão submetidos os astros do pop e do cinema. Quando você chega ao auge, como faz para se manter ali? Bem, na verdade, você não tem como.

Se nosso bem-estar e a nossa felicidade dependem da opinião de outras pessoas e de nossas posses externas, isso é triste, porque não é isso que somos.

Assim como as pessoas que dizem coisas ruins a nosso respeito, estejam elas certas ou erradas, não devem realmente nos afetar, da mesma forma, os elogios e as projeções irreais das pessoas também não devem mudar quem somos. Se dependermos das opiniões positivas dos outros, sofreremos porque elas são irreais, são como ecos. Portanto, é importante não apenas lidar com a dor e as dificuldades no caminho, mas também trazer as boas situações para o caminho. Não trazemos apenas a dor para o caminho, mas também o prazer; não apenas perda, mas também ganho; não apenas culpa, mas também elogio; e não apenas insignificância, mas também fama. Tudo isso deve ser aproveitado e utilizado no caminho.

Normalmente, imaginamos que nossos problemas seriam resolvidos se pudéssemos evitar o que é desagradável e obter apenas o que é prazeroso. Entretanto, esses são dois lados da mesma moeda. Se nos apegarmos a um e tentarmos evitar o outro, ficaremos presos em um estado mundano de insegurança porque nunca conseguiremos obter tudo o que queremos e evitar tudo o que não queremos.

A questão é permanecer aberto para o que vier, para qualquer lado da moeda que aparecer. Manter-se equilibrado como um barco em meio às ondas. As ondas sobem e descem, mas o barco simplesmente desliza.

Um dos problemas de ser famoso, rico, venerado ou bem-sucedido é que tendemos a nos apegar a esses estados e, muitas vezes, nos tornamos orgulhosos. Os multimilionários ricos só convivem com outros multimilionários. Eles não querem lidar com os mortais lá embaixo. Eles têm seus jatinhos particulares e suas janelas opacas para que ninguém possa vê-los em seus carros; suas mansões têm muros altos ao redor, com guardas e cães. Isso é muito triste, não é? Imagine viver assim. Em parte, é porque eles têm medo, é claro; certamente não é um sinal de felicidade e paz. Mas, com exceção dos milionários, mesmo as pessoas comuns que são felizes e se sentem confortáveis com muitos amigos que dizem coisas boas a seu respeito não deveriam se apegar a essas coisas, nem permitir que sua felicidade dependa apenas de tudo ser agradável e tranquilo.

 Assim que recebi minha primeira ordenação, aos 21 anos de idade, fui para a Tailândia, e uma princesa tailandesa me convidou para ir à sua mansão à beira-mar. Eu tinha sido ordenada havia apenas algumas semanas e lá estava eu em uma linda casa de carvalho polido situada no centro de um lago de lótus. Havia três empregados preparando uma deliciosa comida tailandesa e, no meio do bosque de mangueiras, estava sua praia prateada particular ao lado do oceano. Eu disse a ela: "Eu deveria ter renunciado ao mundo e agora estou vivendo assim! Eu realmente me sinto culpada e bastante desconfortável com esta situação". Ela sabiamente respondeu: "Não, você não pediu por isso, não procurou nada disso, mas devido ao seu bom karma, isso tudo chegou até você. Não vai durar muito tempo e talvez mais tarde você seja pobre e viva em condições difíceis. Quando as coisas correrem bem, fique feliz, e quando as coisas forem difíceis, fique feliz também. Apenas mantenha sua mente equilibrada".

 Infelizmente, podemos nos apegar à pobreza tanto quanto nos apegamos à riqueza. Conheço algumas pessoas que são bastante ascéticas em suas práticas e, se forem levadas a um bom restaurante, não se sentirão à vontade. Elas ficam felizes em frequentar os *dhabas* indianos baratos locais. A questão é que, se estivermos em um bom restaurante, isso é ótimo; se estivermos em um dhaba velho e maltrapilho, isso também é bom — que diferença faz? O que quer que aconteça, simplesmente aceite e aproveite, não se apegue a nada. Praticar a equanimidade da mente em relação ao que vier é o melhor a ser feito. Quando as coisas correm bem, isso é bom, e quando as coisas ficam turbulentas, isso também é bom.

20

DAR UMA CHANCE À PAZ

> Se não derrotarmos a nossa própria raiva,
> quanto mais lutarmos contra os inimigos
> externos, mais eles aumentarão.
> Portanto, domar a própria mente
> com o exército da bondade amorosa e
> da compaixão é a prática do Bodhisattva.

Agora, Thogme está dizendo que, se ficarmos com raiva das pessoas que são difíceis para nós e retaliarmos, é como derramar gasolina no fogo — ele só fica cada vez mais forte. Como Buddha disse, o ódio nunca cessa pelo ódio; o ódio cessa pelo não ódio ou amor. Quanto mais retaliarmos, mais os problemas continuarão a aumentar, como vemos na política global. A agressão persistirá até que concordemos em deixar de lado nossas diferenças. Somos todos seres humanos que compartilham o mesmo planeta. Vamos, pelo menos, tentar fazer deste planeta um bom lugar para se viver.

Os membros da família que estão sempre brigando entre si serão infelizes, não importa o quanto a casa seja bonita. Por outro lado, se a família estiver vivendo em um casebre, mas permanecer unida em harmonia e com amor, haverá felicidade. O mesmo acontece com este belo planeta em que vivemos. Se estivermos sempre em conflito uns com os outros, movidos por ciúme, ganância e agressão, então, ainda que seja uma terra pura, continuará sendo samsara. O planeta não é o samsara. São as mentes dos seres que o habitam que criam o samsara — ou o Nirvana.

Se atingíssemos o Nirvana, nós não desapareceríamos de repente! Ainda estaríamos vivendo neste mesmo planeta, mas tudo se transformaria porque a mente se transformou. Isso depende da mente. Tudo depende da mente. Se não lidarmos com nossas próprias impurezas mentais, nada evoluirá neste planeta. Embora as pessoas estejam se tornando mais conscientes de como estamos destruindo nosso único lar, a devastação continua igual, independentemente de quantas leis sejam aprovadas ou de quantos grupos ambientais sejam formados.

Por que estamos destruindo nosso próprio planeta? É porque a raiva, a ganância e a delusão estão agora totalmente fora de controle, incentivadas por essa nossa sociedade de consumo. Nossos sistemas educacionais, a mídia e os governos são controlados ou, pelo menos, fortemente influenciados por corporações multinacionais vorazes. O planeta simplesmente não consegue suportar tudo isso.

No entanto, tudo isso se origina da mente descontrolada, que se enfurece com a ganância, a raiva, a inveja e a confusão. Muitas negatividades mentais! Há também a arrogância humana que pensa que podemos fazer o que quisermos com outras espécies, ou que pertencemos a uma raça superior, o que nos permite subjugar os outros e nos apoderar de seus bens para usarmos para nós mesmos. Isso aconteceu diversas vezes ao longo da história, mas parece que não aprendemos.

De onde vêm as guerras, a agressão corporativa capitalista e a ganância que vão além do que se pode imaginar? Todos eles vêm da mente descontrolada que domina nossa fala, nossos pensamentos e nossas ações. Se multiplicarmos isso por sete bilhões, podemos entender onde está o problema. Não podemos culpar apenas os políticos; temos que olhar com mais cuidado. De uma perspectiva mundial, estamos gradualmente nos aproximando cada vez mais; podemos examinar os centros de Dharma, as famílias, os relacionamentos entre casais e, mais uma vez, encontramos ganância, agressão e ignorância. Especialmente a ignorância de acreditar que nossas próprias ideias são a verdade: *o que eu penso deve estar certo porque é o que eu penso.*

Quando Thogme Sangpo diz: "Se não derrotarmos a nossa própria raiva, quanto mais lutarmos contra os inimigos externos, mais eles aumentarão", ele está falando sobre a raiva. Quando há raiva em nosso coração, brigamos com uma pessoa, depois com outra e, então, nos irritamos e brigamos com outra pessoa. É um ciclo sem fim. Sempre encontramos algo de que reclamar, e a culpa é sempre de outra pessoa. Todos nós conhecemos pessoas com mentes raivosas que se consideram inocentes e que consideram as outras pessoas difíceis e problemáticas. Elas não percebem que, em uma ou duas ocasiões, isso pode ser verdade, mas um histórico de relacionamentos conflituosos indica que o problema não está lá fora, mas dentro delas mesmas. Como é que acabamos tendo tantos inimigos sendo que começamos com tantos amigos? Logo, quanto mais lutarmos contra os inimigos externos, mais eles aumentarão. Como Dilgo Khyentse Rinpoche explica:

> Quando você tiver superado a raiva na sua mente, descobrirá que não restou mais nenhum inimigo no mundo exterior. Porém, se continuar a expressar a raiva livremente na tentativa de derrotar os adversários externos, verá que, por mais inimigos que consiga vencer, sempre haverá outros a postos para substituí-los. Mesmo que conseguisse subjugar todos os seres do universo, sua raiva só aumentaria. Você nunca conseguirá lidar com a raiva corretamente se continuar sucumbindo a ela. O ódio em si é o verdadeiro inimigo, e não se pode permitir que ele exista. A forma de dominar a raiva é meditar com concentração sobre a paciência e o amor. Uma vez que o amor e a compaixão estejam enraizados em seu ser, não há como existir adversários externos.[38]

Para enfrentar esse ciclo interminável de ódio que cria mais e mais inimigos, Thogme Sangpo sugere que recrutemos a bondade amorosa e a compaixão:

> Portanto, domar a própria mente
> com o exército da bondade amorosa
> e da compaixão é a prática do Bodhisattva.[39]

Para organizar esses exércitos de bondade amorosa e compaixão, começamos fazendo amizade com nós mesmos. Como o Buddha recomendou, a bondade amorosa e a compaixão devem ser dirigidas primeiro a nós mesmos. Grande parte de nossa raiva dirigida aos outros tem origem em nossa raiva inicial contra nós mesmos. Primeiro, temos que cultivar a paz dentro de nós mesmos, nos perdoar e reconhecer que, apesar de todas as nossas falhas e problemas, somos essencialmente bons. Temos a natureza de Buddha, portanto, há uma esperança definitiva de que podemos melhorar, e de que devemos ser amigos de nós mesmos.

---

[38] Khyentse, A Essência da Compaixão, 140.
[39] Idem.

Se quisermos domar um cavalo selvagem, primeiro temos de nos tornar amigos dele. Certamente, podemos bater nele até forçá-lo a se submeter e, então, o cavalo, embora nos odeie, obedecerá, como muitos desses pobres animais que vemos carregando cargas pesadas demais. Mas quem quer ter uma mente destroçada? Uma maneira mais hábil é fazer amizade com o cavalo selvagem, permitir que ele se acalme aos poucos e reconheça que não vai ser machucado, que na verdade esse relacionamento pode valer a pena e ser divertido. Então, aos poucos, o cavalo começa a se acalmar e a se tornar mais receptivo. Quando o cavalo começar a confiar, aí sim poderemos começar a treiná-lo.

Toda essa ênfase em como lidar com os outros se baseia na ideia de que pacificamos e nos tornamos amigos de nossa própria mente e que, então, confia que esse é um bom caminho que beneficiará a todos nós. Embora o budismo esteja preocupado em superar o ego e enxergar o que há por trás da delusão do ego, não conseguiremos superar o ego espancando-o até a morte. Isso simplesmente não funciona. Algumas tradições religiosas tentam fazer assim, mas tudo o que se consegue é um ego negativo amargo e infeliz; ele não morre ao ser espancado. Dissolvemos o ego enxergando através dele, por meio do cultivo de uma prática introspectiva.

Para cultivar uma prática introspectiva, primeiro precisamos domar a mente. Isso significa que a mente precisa confiar e querer cooperar. Em outras palavras, logo no início, o ego precisa estar disposto a cooperar. Muitas vezes, o problema é que nossas aspirações vão para um lado, mas nossos desejos egoístas vão para outro. Por exemplo, quando acordamos e nos lembramos de que é hora de levantar e meditar, podemos pensar: "Ah, meditar é divertido; vamos meditar". Dessa forma, não há nenhuma batalha interna entre as aspirações mais elevadas, pensando: "Agora é hora de meditar", e o ego dizendo: "Não, não é; é hora de me virar e voltar a dormir". Em vez disso, eles precisam trabalhar juntos.

Com toda a honestidade, os livros budistas não dizem isso, mas, na verdade, quando o ego se torna mais flexível e começa a cooperar, despertando o entusiasmo pelo caminho, esse é um enorme passo adiante. É por isso que o Buddha disse que primeiro devemos demonstrar bondade amorosa e compaixão por nós mesmos. Primeiro acalmamos nossas mentes e o ego começa a confiar no caminho, mesmo que esse caminho seja, em última análise, a morte do ego. Ironicamente, o ego contribuirá para sua própria aniquilação porque algo dentro de nós sabe que isso nos abrirá para algo muito maior do que o simples ego é capaz de imaginar.

Entretanto, se estivermos lutando contra o ego o tempo todo, teremos problemas intermináveis. Precisamos fazer com que todos os níveis de nossa mente cooperem por vontade própria. Isso é importante. Às vezes, o budismo parece ser forte no combate ao ego, mas em nosso nível conceitual relativo, onde estamos começando a praticar, temos que trazer tudo o que temos para o caminho. E isso inclui nosso senso de ego, que permanecerá conosco de qualquer forma até atingirmos o oitavo bhumi, ou oitavo nível espiritual. Esses textos que tratam da transformação dos estados negativos em positivos não estão falando sobre a natureza última da mente, pois ela é imutável. Nossa consciência pura é naturalmente compassiva e sábia e não precisa ser transformada. O que Thogme Sangpo está discutindo é o nível egoísta e relativo da mente, em que todos nós vivemos, a menos que sejamos bodhisattvas de nível realmente elevado.

Esse ensinamento é sobre como aceitar quem somos neste momento e, em vez de transformá-lo em um obstáculo, reconhecê-lo como nossa grande oportunidade de avançar no caminho. Se tivermos de começar com o eu, pelo menos tentemos fazer com que ele seja um eu feliz, cooperativo, gentil, sensível e compassivo, que possa percorrer o caminho até o ponto em que toda a delusão se dissolverá em algo muito mais vasto. Embora seja importante reconhecer que isso se refere ao nível convencional ou relativo, é no nível relativo que estamos neste momento. Já que não podemos simplesmente dizer ao nosso eu, *Ok, eu não acredito em você! O livro diz que o eu é uma delusão e que, seja como for, é vazio. Portanto, de agora em diante, serei apenas a pura consciência vazia.* Se pudéssemos fazer isso, seria ótimo, mas simplesmente não funciona. Temos que começar de onde estamos e com o que temos e usar tudo como caminho. Assim não teremos problemas.

Mas não pensem que esses ensinamentos são práticas iniciais apenas para pessoas comuns e não para bodhisattvas de nível superior. Pouco antes de meu guru Khamtrul Rinpoche falecer, ele reuniu seus togdens, ou iogues, e disse: "Há um ensinamento que tenho que lhes dar porque agora vocês estão prontos para ele. Venham amanhã e receberão esse ensinamento especial". É claro que os togdens estavam todos especulando sobre qual poderia ser o ensinamento já que, por serem iogues avançados, eles já haviam recebido praticamente tudo. Talvez algum texto oculto do Dzogchen? Teria de ser algo assim. Então, no dia seguinte, eles foram ver o Rinpoche e o que ele ensinou foi o *Treinamento da Mente em Sete Pontos*, que é um famoso texto lojong que trata da superação de dificuldades e obstáculos no caminho e da transformação da mente por meio de respostas mais hábeis. Para Khamtrul Rinpoche, a mensagem quintessencial do Dharma era um texto sobre lojong, não sobre Dzogchen, nem sobre os seis yogas de Naropa. Esse foi o último ensinamento que ele deu em Tashi Jong antes de morrer.

Quando reconhecermos a natureza da mente, poderemos praticar como relaxar nessa consciência natural, mas até que sejamos bodhisattvas de nível elevado, ainda teremos que lidar com o nível relativo de nossa mente. As coisas estão acontecendo o tempo todo e temos que saber como desenvolver a habilidade para trazer tudo para o caminho. Faz sentido fazer amizade com o ego de uma forma agradável para torná-lo cooperativo. Dessa forma, nossa mente se transforma de um egocentrismo ganancioso e obsessivo em uma consciência aberta e espaçosa que coloca os outros antes de si mesma. A felicidade dos outros é muito mais importante do que a nossa, pois somos apenas uma entre todas as outras pessoas. Podemos nos regozijar com a felicidade dos outros, o que nos dá muito mais felicidade do que se nos regozijássemos apenas com nossa própria felicidade.

Em vez de ficarmos com raiva, cultivamos a bondade amorosa e a compaixão, começando por nós mesmos. Se nosso coração estiver se sentindo feliz e em paz, o que as outras pessoas fazem não nos incomodará tanto. É por termos essa raiva dentro de nós, com a qual não estamos conseguindo lidar, que faz com que todos os outros se tornem inimigos. Quando demonstramos bondade amorosa e compaixão por nós mesmos, naturalmente isso também se estenderá aos outros.

Tradicionalmente, dizemos a nós mesmos: "Que eu possa me sentir bem e feliz. Que eu possa ser livre de sofrimento. Que eu possa ficar em paz e tranquila. Recite qualquer frase que lhe agrade e visualize-se enviando pensamentos amorosos para si mesmo, talvez na forma de luz. Quando você pensar "Que eu seja feliz", estará enviando bondade amorosa e quando pensar "Que eu me livre do sofrimento", estará enviando compaixão. Embora no início isso possa parecer artificial e forçado, gradualmente começamos a sentir um tipo de paz e calor dentro de nós. Precisamos nos perdoar. Todos nós cometemos erros e agimos de forma estúpida. E daí? Somos seres humanos. Se fôssemos perfeitos, não precisaríamos de um caminho — já teríamos chegado lá. É por termos problemas, por termos falhas, por termos cometido erros estúpidos que precisamos de um caminho. Portanto, ao aceitarmos a nós mesmos, podemos estender a mão e perdoar os outros. Podemos começar fazendo amizade com nós mesmos e sendo um pouco mais tolerantes conosco, e isso nos ajudará a sermos mais gentis e tolerantes com os outros.

Para começar, nós nos sentamos e acalmamos a superfície da mente, enviando pensamentos amorosos para nós mesmos. Depois disso, enviamos esses pensamentos a alguém por quem sentimos um amor especial, desejando que essa pessoa se sinta bem e feliz e imaginando-a bem e feliz, livre de sofrimento. Essa é a parte mais fácil — desejar felicidade às pessoas (ou animais) de quem realmente gostamos.

Em seguida, estendemos esse desejo a alguém que nos pareça neutro, com quem não nos importamos de uma maneira específica — o carteiro, por exemplo, que vemos todos os dias, mas sobre quem geralmente não pensamos. Agora, imagine-se realmente desejando que essa pessoa seja feliz e se livre do sofrimento. Todo mundo, no fundo do coração, quer se sentir bem e não quer sofrer. Como disse o Buddha: "Para cada um, seu próprio eu é o mais querido". Desejamos isso para eles, imaginamos que são felizes, imaginamos todos os seus problemas resolvidos e os vemos livres do sofrimento — desejamos que seus filhos frequentem uma boa faculdade e se casem com pessoas boas e que seu companheiro tenha saúde. Tudo é muito bom; todas as suas preocupações e problemas estão resolvidos e eles estão cheios de felicidade. Imagine isso.

Em seguida, visualizamos alguém de quem não gostamos ou com quem temos problemas. Pense nessa pessoa e reconheça que, se as pessoas criam dificuldades para os outros, é porque, internamente, elas não estão realmente em paz consigo mesmas. Deseje que ela se sinta bem e feliz, imagine tudo o que ela deseja sendo realizado, e todas as suas preocupações e ansiedades, todos os seus problemas se dissipando. Elas simplesmente estão felizes. Sinta-se satisfeita por elas.

Depois, gradualmente, expanda esse sentimento de benevolência por todo o mundo, pensando em todos os muitos seres lá fora — não apenas os seres humanos, mas também os animais, insetos, pássaros, peixes, todos os seres que habitam este planeta e todos aqueles que habitam os outros reinos que nem sequer conseguimos ver. Imagine que todos esses seres finalmente sentem que todas as suas preocupações e ansiedades se dissipam e são substituídas por felicidade, alegria e satisfação. Que assim seja!

Essa é uma meditação poderosa que remonta à época do Buddha. Por exemplo, na Tailândia, muitos meditadores praticam nas florestas, onde há muitas cobras venenosas, tigres e outros animais selvagens, e esses monges errantes nem sequer vivem em uma cabana, eles têm apenas uma pequena tenda feita de um mosquiteiro e, às vezes, nem isso. Mas, em todos esses anos, os animais nunca lhes fizeram mal. Outras pessoas, como os aldeões, vão para as selvas e são mordidas por cobras ou atacadas por tigres; isso é comum. Mas os monges estão seguros porque praticam a meditação da bondade amorosa, e os animais conseguem sentir isso. Normalmente, esses animais só machucam as pessoas se sentirem que eles próprios serão feridos, mas eles sabem que aqueles seres sentados ali não irão machucá-los. Como esses monges praticam a não-violência, esses animais selvagens se acalmam na presença deles. Há muitas histórias de monges que saem de sua meditação e se deparam com uma cobra ou um tigre sentado olhando para eles tranquilamente.

Normalmente, se não fizermos mal aos outros, eles também não farão mal a nós. Quando eu morava nas montanhas de Lahaul, havia uma matilha de lobos que pareciam grandes pastores alemães com olhos amarelos. Às vezes, quando eu estava sentada do lado de fora, eles se aproximavam, mas eram amigáveis e curiosos. Eles ficavam parados olhando para mim, e eu olhava para eles, e nenhum de nós se sentia ameaçado. Na verdade, sempre gostei de lobos por isso nem me ocorria sentir medo deles. À noite, eles se reuniam acima da minha caverna e uivavam. O uivo dos lobos é muito bonito.

Como há muita energia negativa no mundo, é bom enviar energia positiva sempre que possível. Talvez, enquanto estivermos sentados no avião ou no trem, possamos praticar a meditação da bondade amorosa, ou tonglen. Não precisamos mudar nossa postura; podemos apenas enviar pensamentos de bondade amorosa. Imagine uma linda luz irradiando e preenchendo a cabine e sendo absorvida pelas células do corpo dos passageiros, levando embora seu sofrimento e substituindo-o por luz, amor e felicidade.

ABRIR MÃO DA GANÂNCIA

> Os prazeres dos sentidos e os objetos
> desejáveis são como água salgada.
> Quanto mais se bebe, maior é a sede.
> Abandonar imediatamente
> todos os objetos que provocam
> apego é a prática do Bodhisattva.

O próprio Buddha disse que a ganância é como água salgada; quanto mais bebemos, mais sedentos ficamos. Mesmo que bebêssemos o oceano inteiro, ainda assim teríamos sede. O mesmo se aplica à nossa sociedade de consumo moderna. As pessoas agora têm muito mais do que poderiam imaginar até cinquenta anos atrás e, ainda assim, não estão satisfeitas. Elas estão sempre se esforçando para obter algo. E para quê? A questão é que tudo isso se torna contraproducente depois de algum tempo. Compramos um carro e isso é emocionante, mas o segundo carro é, de certa forma, menos interessante e, quando chegamos ao quinto ou sexto, que importância tem? Só precisamos nos preocupar com o lugar onde poderemos guardar todos eles. Por mais que a fome aumente, quanto mais degustarmos, esse desejo não produz grandes efeitos. Estamos sempre tentando recuperar a sensação inicial de satisfação. Há um momento em que sentimos um prazer real e depois ele desaparece. Como um sorvete que é delicioso no início, mas se continuarmos a comer o pote inteiro, ficaremos enjoados.

Após o momento inicial de prazer, a sensação de satisfação diminui e, então, buscamos outra coisa e depois outra... sempre precisamos de algo mais. É como a pornografia que se torna cada vez mais explícita, grosseira e perversa para ajudar os espectadores a recuperar o frisson da excitação e do prazer. Sempre tem que haver mais e mais, até que a pessoa seja escravizada. Isso se torna uma obsessão, um vício, o que é muito triste.

Às vezes, a ganância parece inofensiva quando comparada ao ódio ou à inveja. Em todo o mundo, as pessoas estão sempre perguntando como se livrar da raiva, mas poucas pessoas perguntam como se livrar da cobiça porque a cobiça parece inócua e muito prazerosa. A raiva, por outro lado, não proporciona prazer de fato, e as pessoas que têm raiva são impopulares. Ser ganancioso e apegado parece natural e parece ser o caminho para a felicidade. Mas a raiz de duhkha, do sofrimento, *não é* a raiva. A raiz do sofrimento é a fixação e o apego.

Quando eu morava em Lahaul, do lado de fora do pátio da minha caverna havia um espaço plano, como um pequeno jardim feito de terra batida, que se transformava em lama sempre que nevava ou chovia. Decidi coletar muitas pedras planas para colocar nesse terreno para que não ficasse tão lamacento. Mas ali cresceram pequenos ramos de flores rosa claro com o centro amarelo. Elas eram muito bonitas, mas, mesmo assim, achei melhor arrancá-las porque, caso contrário, as pedras não se assentariam adequadamente. Primeiro, tentei simplesmente puxá-las, mas elas não saíam porque as raízes eram profundas; então comecei a cavar para encontrar as raízes principais. Escavei e escavei e percebi, depois de vários dias de trabalho, que todos aqueles pequenos ramos de flores estavam conectados por um sistema de raízes profundas que se espalhava em todas as direções. No entanto, na superfície, tudo o que se via eram aquelas lindas florzinhas.

Naquele momento, pensei que isso era como a ganância ou o desejo. Parece muito inocente na superfície, mas por baixo, na psique, tem raízes profundas e grossas que se estendem por todos os níveis de nossa consciência. Como estão "no subsolo", enterrados no subconsciente ou na consciência substrato, não os reconhecemos. Mas é por isso que é tão difícil erradicá-los. É relativamente fácil lidar com a raiva porque não gostamos dela e, portanto, ficamos felizes em trabalhar para tentar superá-la. Mas a ganância é difícil de erradicar porque estamos apegados ao apego.

A maioria das pessoas não entende o que significa transformar o apego em amor genuíno. Desenraizar o apego não significa deixar de amar. Significa que nosso amor se torna puro porque não está mais preso ao apego. Na maioria das vezes, o que pensamos ser amor é, na verdade, apenas apego ou fixação, e é essa mente apegada que nos causa sofrimento. Ela está profundamente enraizada em nossa psique.

Isso não significa que tenhamos que desistir de tudo ou renunciar externamente às coisas que amamos, mas podemos renunciar a elas internamente. Em outras palavras, podemos ter bens e apreciá-los e desfrutar deles, mas se os perdermos, não precisamos nos importar muito, podemos deixá-los ir. O teste para saber se somos apegados ou não é como nos sentimos quando perdemos algo ou alguém que amamos. Estamos nos agarrando com as duas mãos ou estamos dispostos a abrir mão? Internamente, precisamos ser capazes de soltar. É só quando nos agarramos com muita força que temos problemas. E, na verdade, no ciclo de nascimento e morte, não há correntes, não há cordas que nos prendam a nada nem a ninguém.

Há uma história sobre uma forma de capturar macacos na Indonésia — se é verdadeira ou não, não sei. Os caçadores fixam em uma árvore um coco com um pequeno orifício, grande o suficiente para que um macaco consiga enfiar a mão. Dentro dele há um pouco de doce de coco. O macaco se aproxima, sente o cheiro do doce, coloca a mão e agarra o doce de coco. O macaco fecha a mão e o buraco é pequeno demais para que a mão possa ser retirada. Em seguida, aparece o caçador e o macaco fica apavorado, mas a ganância na mente do macaco é mais forte que o medo e ele não consegue se soltar. O macaco quer desesperadamente escapar, mas também quer ficar com o coco. E assim ele é apanhado. Essa também é a nossa situação, não é? Sim, com certeza queremos ser livres, mas também queremos levar tudo conosco.

Abandonar todos os objetos que despertam apego não significa que tenhamos necessariamente que abrir mão de tudo, mas significa que devemos analisar cuidadosamente aquilo a que realmente estamos apegados. Não há nada de errado em apreciar e desfrutar de alguma coisa. Da mesma forma com as pessoas, amar e cuidar delas e fazer o melhor possível para fazê-las felizes não é o problema. O problema é o apego. A ideia de que agora elas são *minhas*.

A maneira mais fácil é simplesmente abrir mão de tudo, como fez o Buddha. Deixamos nossas casas e famílias e vamos embora. A maneira mais sutil não é partir, mas trabalhar a capacidade de segurar as coisas com delicadeza e cuidado, sem se apegar a elas. Isso é muito mais difícil, mas se conseguirmos fazer isso, internamente nos tornaremos livres. Alguém disse que se houvesse apenas um mantra no budismo, ele seria "Solte!" Externamente, podemos ter tudo, mas internamente precisamos deixar ir. O problema não são as coisas em si; elas são inocentes. O problema é a nossa atitude em relação às coisas. "Saber estar satisfeito com o que se tem", disse Dilgo Khyentse Rinpoche ao explicar esse verso, "é possuir a verdadeira riqueza. Os grandes santos e eremitas do passado sabiam se contentar com qualquer coisa que tivessem e com qualquer lugar para morar. Eles viviam em lugares isolados, abrigando-se em cavernas e mantendo-se vivos com o mínimo necessário para preencher as necessidades mais básicas."[40]

Quando reconhecemos quão pouco é o que realmente precisamos, podemos nos livrar do excesso. É por isso que, no budismo, para ajudar pessoas comuns do mundo como nós, a primeira das seis paramitas, ou as seis perfeições transcendentes, é a generosidade — o processo de dar e compartilhar e o prazer que se pode obter com isso. Na Ásia, a principal prática budista é, de fato, a generosidade. Essa é uma distinção marcante entre o Ocidente e a Ásia. No Ocidente, a ênfase está na meditação e, de fato, o budismo e a meditação são frequentemente considerados a mesma coisa. Mas na Ásia poucas pessoas meditam de fato, mesmo entre os monges. Isso é considerado uma atividade especializada ou profissional. Provavelmente, o único país asiático onde as pessoas comuns praticam seriamente é Mianmar. Por várias razões históricas, nos últimos 150 anos, os birmaneses adotaram a prática formal da meditação e, assim, pessoas comuns de vilarejos, oficiais do exército e todas as pessoas podem praticar.

Porém, na maior parte da Ásia, as qualidades mais cultivadas no budismo são a generosidade e a devoção, por isso as pessoas têm grande alegria em doar. Há muitas oportunidades para as pessoas cultivarem a generosidade. De manhã cedo, nos países Theravada, os leigos se ajoelham na rua com alimentos que cozinharam para oferecer aos monges quando eles passam. Há reuniões regulares em que eles podem fazer oferendas ao templo ou uns aos outros; eles adoram fazer oferendas em todas essas oportunidades. A alegria de dar é importante porque a generosidade é um dos principais antídotos contra o apego. Se tivermos algo e ficarmos felizes em compartilhá-lo com os outros, não há nada de errado em tê-lo.

Portanto, essa qualidade de ter satisfação em doar aos outros é importante e é por isso que ela é colocada no início de nosso treinamento

---

[40] Khyentse, A Essência da Compaixão, 144.

espiritual. Porque mesmo que nossa conduta ética seja um pouco duvidosa ou que fiquemos mal-humorados com frequência ou que nunca meditemos e nossa diligência seja fraca, ainda assim podemos ser generosos e aprender a doar além do que parece estar em nossa zona de conforto. Podemos praticar a doação de coisas de que realmente gostamos, em vez de doarmos apenas as coisas que já não usamos mais ou que uma tia nos deu no último Natal e das quais queremos nos livrar. Mãos abertas são importantes porque mãos abertas levam a um coração aberto.

Alguns anos atrás, conheci um swami, ou renunciante hindu, que vivia de forma simples em seu ashram construído com tijolos de barro e bambu. Esse swami tinha vários discípulos ricos que lhe ofereciam muitos presentes sofisticados. Ele examinava cada artigo e parecia muito interessado nele e, logo em seguida, quando menos se esperava, já havia dado a outra pessoa. Ele não tinha dedos pegajosos e, quando morreu, não deixou nada, mas vivia sempre feliz. Ele ficava satisfeito quando as pessoas lhe davam coisas boas porque, então, em sua mente, ele pensava: *"Ah, isso é muito bonito! Quem poderia gostar disso? Para quem será que poderia dar isso?"*

Desenvolver esse tipo de intenção é muito bom. O prazer de ter algo para poder compartilhá-lo com os outros ajuda a quebrar nossa absorção total em nosso próprio prazer e felicidade. Ajuda a começar a afrouxar os dedos que estão se agarrando com tanta força às coisas que desejamos, e é por isso que o próprio Buddha sempre encorajou as pessoas a serem generosas e gentis. Isso abre o coração.

Recentemente, um grupo de vietnamitas que mora na Austrália veio nos visitar. Era sua primeira viagem à Índia, e eu já os havia conhecido na Austrália quando dei uma palestra em seu templo. Desde que fui embora, há alguns anos, eles estavam economizando para ir à Índia, fazer uma peregrinação e fazer oferendas em todos os lugares. A ideia deles era a de que a ida à Índia lhes daria a oportunidade de ir a determinados monastérios para fazer oferendas a todos os monges. Eles haviam se privado de todos os tipos de coisas durante anos, apenas para poderem ir juntos à Índia e fazer oferendas. Isso foi lindo. Eles não estavam planejando economizar muito dinheiro para poderem se hospedar em hotéis cinco estrelas; estavam apenas pensando em ganhar mais dinheiro do que precisavam para fazer oferendas.

Portanto, a generosidade é um antídoto direto para nossa mente gananciosa que pensa: "*O que eu tenho a ganhar com isso?* Em vez de acreditarmos que, acumulando mais e mais, de alguma forma nos sentiremos satisfeitos, reconhecemos que, doando mais e mais, nos sentiremos mais leves e profundamente satisfeitos.

22

ABRAÇAR A NÃO-DUALIDADE

> Tudo que aparece é obra da mente;
> a natureza da mente é primordialmente
> livre de limitações conceituais.
> Reconhecer esta natureza
> e não alimentar conceitos de sujeito e
> objeto é a prática do Bodhisattva.

Aqui estamos lidando com dois aspectos da mente: nosso pensamento conceitual comum e a natureza última da mente, que é o estado desperto puro primordial (conhecido como rigpa em Dzogchen). Normalmente, como seres sencientes comuns, estamos mais conscientes do nível conceitual da mente, o que significa nossos pensamentos e emoções, nossas memórias, nossos julgamentos e nossas ideias e crenças. Como Dilgo Khyentse Rinpoche salienta:

> As inúmeras percepções de tudo que o rodeia nesta vida surgem na sua mente. Por exemplo, observe a sua relação com os outros. Você percebe algumas pessoas de forma positiva — amigos, parentes, benfeitores, protetores — enquanto aqueles que o criticam e difamam, que o agridem, que o fazem de tolo e o enganam são percebidos como inimigos. Esse processo começa com os sentidos, através dos quais a mente percebe várias formas, sons, cheiros, gostos e sensações. À medida que a mente se torna consciente dos objetos externos, ela os classifica e é atraída para aqueles que considera agradáveis, ao passo que tenta evitar os que são considerados desagradáveis. A mente, então, sofre por não conseguir as coisas agradáveis que ela deseja, e por ter de experienciar as coisas desagradáveis que tenta evitar. Está sempre ocupada, correndo atrás de uma ou outra situação agradável que deseja desfrutar, ou tentando escapar de alguma situação indesejável que considera difícil e desagradável. No entanto, provocar experiências

agradáveis ou desagradáveis não é uma função intrínseca aos objetos percebidos. As experiências surgem apenas na mente.[41]

Se nos perguntarmos: "Quem sou eu?", lembraremos de nosso nome e talvez de nossa nacionalidade, raça, gênero, classe ou casta, e pensaremos: "Isso é quem eu sou". Talvez pensemos no lugar onde nascemos e onde crescemos. Podemos incluir nossa profissão ou nosso estado civil. Somos filhos de alguém e talvez pais de outra pessoa. Às vezes somos o chefe, mas em outras ocasiões somos o empregado. Desempenhamos muitos papéis diferentes — inclusive masculino e feminino — que achamos que definem quem somos, embora estejamos mudando o tempo todo, desde o momento em que nascemos. Vemos uma criança pequena e, daqui a um ano, não a reconheceremos mais — cada célula de seu corpo terá mudado. Mas ainda assim achamos que é o mesmo menino.

Cada célula de nosso corpo é substituída a cada sete ou dez anos, e nossos pensamentos mudam a cada momento. Novas células em nosso cérebro estão surgindo enquanto outras estão morrendo, mas ainda assim dizemos: "Sou eu". Temos uma forte sensação de que há um "eu" único e autônomo no centro de nós mesmos que nunca muda, quer tenhamos dois meses de idade ou dois, vinte, cinquenta ou cem anos. Ainda sou "eu". Minhas opiniões, minhas ideias, minhas crenças, minhas memórias — esse é quem eu sou. Esse é o nível de consciência com o qual vivemos. E, normalmente, quando meditamos, esse é o nível de consciência com o qual estamos lidando e tentando domar, treinar e transformar.

Do ponto de vista budista, esse conceito de um "eu" autônomo é uma delusão básica. É o grande erro que nos mantém presos no samsara. O samsara não existe a não ser por meio da mente conceitual. Todo esse trabalho que estamos realizando, todos esses versos, foram escritos do ponto de vista de uma mente que, desde o início, confunde uma corda com uma cobra. Portanto, este verso é importante — no meio do texto, de repente, BOOM, ele lança uma grande bomba.

Quando o Buddha disse que não existe um eu, o que nós budistas chamamos de *anatman*, ele não estava querendo dizer que nós não existimos. É claro que existimos. Mas, fundamentalmente, não existimos da forma como nos concebemos. Imagine uma mesa feita de madeira.

---

[41] Khyentse, A Essência da Compaixão, 145-6.

Essa mesa parece sólida hoje e, quando olharmos para ela novamente amanhã, ela ainda será uma mesa e ainda será sólida. No entanto, sabemos que, do ponto de vista da física quântica, por exemplo, a mesa não existe da forma como parece. De fato, ela é energia/espaço e não é realmente sólida. Se quisermos investigar a "mesidade" da mesa, nunca a encontraremos.

Lembro-me de que quando era menina, estudando física pela primeira vez, eu estava realmente interessada no que restava quando tudo era reduzido a seu nível último. Qual é a realidade final quando continuamos a reduzir todas as coisas? Perguntei à professora de física e ela falou sobre prótons e nêutrons. Mas pensei: não, se existem prótons ou nêutrons, certamente eles podem ser divididos ainda mais, então o que resta? Naquele momento, perdi o interesse pela física. Eu poderia ter sido uma ótima física, mas meu entusiasmo acabou aos onze anos de idade, quando decidi procurar a resposta em outro lugar. Mas, é claro, os físicos quânticos sentem-se intrigados com essa pergunta: quando continuamos a reduzir tudo, no final das contas, o que resta? Aparentemente, eles não conseguem encontrar nenhuma resposta definitiva. Ondas ou partículas, energia ou espaço, mas então o que é espaço? Em última análise, parece haver luz e energia; a matéria não é realmente sólida. Na verdade, acabamos não tendo uma mesa sólida e, no entanto, ela é definitivamente capaz de sustentar as coisas que colocamos sobre ela, e teríamos um grande hematoma se ela caísse sobre nós.

Em uma perspectiva última, a mesa não é como a percebemos com nossos sentidos neste nível vibracional em que vivenciamos o mundo. Há esses dois aspectos simultâneos que existem o tempo todo. Quando o Buddha disse que, em última análise, não existe um "eu", ele não quis dizer que não existimos, mas que, quando procuramos por esse "eu" — esse núcleo sólido do "eu" no centro de nosso ser — , nunca conseguimos encontrá-lo. É como descascar as camadas de uma cebola, camada após camada, sem nunca encontrar um núcleo.

Da mesma forma, podemos remover camada após camada da mente até chegarmos à consciência substrato, que em sânscrito é chamada de *alayavijnana*. Nesse ponto, nossa consciência se torna vasta e espaçosa, e nos sentimos unos com todas as coisas. Embora profundo, esse tipo de experiência não é absoluto. Por meio da meditação de shamatha, podemos alcançar esse nível profundo, que está além da conceitualidade: a mente se torna clara, vasta e plena de felicidade, o que pode nos levar a pensar que estamos liberados.

Logo que o Buddha deixou seu palácio, ele encontrou um professor que lhe ensinou como alcançar os vários *rupa dhyanas*, ou níveis de concentração meditativa, que se tornam cada vez mais sutis. Em seguida, seu segundo professor lhe ensinou as concentrações da não-forma, ou *arupa dhyanas*, que levam a um estado de vazio absoluto, à consciência vasta e espaçosa, que em sua época era considerada a liberação. Ainda hoje, muitas pessoas atingem esse nível de absorção meditativa e acreditam que estão liberadas, pois experienciam bem-aventurança e expansão. No entanto, o Buddha percebeu que, mesmo tendo atingido esse nível, ele ainda é impermanente, como tudo o mais e, portanto, não é o estado último.

Os níveis da mente podem ser sutis, mas ainda assim estaremos presos no mesmo ciclo do samsara. Quando o Buddha disse que não existe um eu, talvez estivesse dizendo que essa mente pensante e todos esses níveis de absorção meditativa ainda estão presos no reino da impermanência do nascimento e da morte. Elas não são a liberação. Porque quando emergimos desse estado de êxtase, aqui estamos nós novamente. Então, o que fazer?

Tudo o que surge é produto de nossa própria mente. Só percebemos o que recebemos por meio das portas dos sentidos. Normalmente, acreditamos que os objetos e as pessoas existem lá fora, mais ou menos como os percebemos. Nossos sentidos — especialmente os olhos e os ouvidos — recebem informações sobre o que está acontecendo lá fora, e o cérebro as decodifica da melhor maneira possível para que possamos decidir como nos sentimos a respeito. Tudo é exatamente como parece ser.

Só que não é. É difícil para nós realizarmos isso. Intelectualmente, é bastante fácil compreender, mas vivenciar de fato esse modo de ser é difícil porque já estamos pré-programados.

Aqui está um exemplo simples. Trabalhei por um breve período em um escritório do governo que organizava o treinamento vocacional de candidatos. Se alguém fosse treinar para ser eletricista, teria de reconhecer a diferença entre os fios vermelho e verde. Existia um livro criado por um especialista japonês que mostrava círculos vermelhos e verdes em determinadas posições. Quando se olhava, era óbvio que os círculos formavam um "A" ou um "K". No entanto, no escritório havia um jovem daltônico, e conversei com ele sobre esse livro. Ele disse que só via espirais de círculos coloridos. Ele não conseguia distinguir nenhuma letra. No escritório, uma moça usava um suéter vermelho fogo. Eu perguntei: "De que cor é o suéter que ela está usando?" Houve uma longa pausa e, então, ele disse: "Acho que deve ser... vermelho?" Na verdade, ele viu uma espécie de cor de barro.

Esse é um exemplo de como enxergamos coisas diferentes, dependendo de nossa percepção visual. Portanto, podemos concluir que, se a cor que se apresenta à visão normal é de fato inerentemente vermelha ou verde, então todos teriam de ver a mesma coisa. Em outras palavras, a cor não é inerente ao objeto em si, mas está relacionada às suas frequências vibracionais e à percepção. Ao que parece, um eminente neurocientista da Inglaterra afirmou que o que realmente vemos é uma imagem borrada de algo, que é instantaneamente interpretada pelo cérebro dependendo de associações anteriores. Isso nos dá uma imagem que pensamos ser uma representação verdadeira do que estamos percebendo. Ele disse que apenas cerca de 15% é recebido pelas portas dos sentidos, e algo em torno de 85% do que achamos que percebemos é, na verdade, criado pelo cérebro.

Dessa forma, tudo o que surge é produto de nossa própria mente. Vemos as coisas e achamos que são exatamente como elas parecem ser mas, é claro, que é apenas como nós as vemos. Os cães percebem as coisas de forma diferente. Por exemplo, eles têm uma capacidade olfativa um milhão de vezes maior do que a nossa, e é por isso que os cães são tão fascinados por cheiros. Seu olfato é tão apurado que eles vivem em um mundo de aromas do qual nós não compartilhamos.

Há pessoas que têm uma audição extremamente apurada, enquanto outras só ouvem sons em uma faixa estreita de frequências. E há pessoas que não enxergam uma gama de cores tão ampla quanto a nossa, e outras que enxergam uma gama ainda maior. Percebemos apenas o que nossos sentidos são capazes de receber e, como em um computador, o cérebro interpreta as informações rapidamente, calcula tudo e apresenta uma imagem para nós. O que de fato existe lá fora? Nunca saberemos, pois tudo depende dos órgãos dos sentidos e dos mecanismos cerebrais inatos aos seres humanos, e até mesmo essas funções têm capacidades individuais específicas.

O resto são apenas nossas preconcepções, nossos julgamentos e preferências — do que gostamos e do que não gostamos. Às vezes, coisas que há pouco tempo eram consideradas bonitas e esteticamente agradáveis hoje são consideradas ridículas. Olhamos para fotos antigas e dizemos: "Nossa, eu realmente usava isso?".

O fato é que não sabemos realmente o que existe lá fora. Sabemos apenas o que percebemos com os sentidos limitados que temos. Se tivéssemos tipos diferentes de sentidos, ou sentidos extras ou menos sentidos, o quadro mudaria. Os cientistas também estão usando apenas o tipo de sentidos e cérebro que possuem como seres humanos, portanto, também têm suas limitações. Não somos capazes de imaginar como seriam outros tipos de sentidos porque nunca os tivemos.

Portanto, em um certo sentido, tudo o que percebemos é o nosso próprio filme interno. Na verdade, nem mesmo sabemos o que está acontecendo aqui dentro, muito menos o que está acontecendo lá fora. Todas as nossas percepções são reunidas e interpretadas pela mente pensante, pela mente conceitual. Mas nossa mente conceitual é dualista por natureza. Isso significa que ela naturalmente faz uma distinção entre sujeito e objeto.

Quando fui receber minha primeira instrução de meditação de um velho iogue chamado Togden Choelek Rinpoche, ele me disse: "Esta mesa é vazia?"

Então eu disse: "Sim!"

E ele perguntou: "Você a vê como vazia?"

Eu disse: "Não..."

"E a mente? Ela é vazia?", ele perguntou.

"Sim!" Eu disse, com um pouco mais de confiança.

"Você a vê como vazia?", ele rebateu.

"Não", eu disse.

"O que você acha que é mais fácil, ver a mesa como vazia ou ver sua mente como vazia?", ele questionou.

"Ah, a mente", respondi.

Então ele disse: "Ok, você pertence a nós".

Então perguntei: "E se eu tivesse dito a mesa?"

Ele disse: "Então eu a teria enviado para o Monastério de Sera, no fim da estrada!"

Essa conversa mostra que a abordagem escolástica é analisar a vacuidade dos fenômenos externos, enquanto a tradição iogue é examinar a vacuidade da mente. A mente é vazia por natureza. O que isso significa? A descrição clássica é a de que todos os fenômenos são vazios de existência inerente, o que significa que não conseguimos encontrar nada que exista independentemente e dizer que essa é a coisa em si, seja uma mesa, a mente ou qualquer outra coisa. Nunca conseguimos encontrar a coisa em si. Tudo é feito de partes e peças reunidas e rotuladas.

Onde está a mesidade de uma mesa? Ela não pode ser encontrada. Afinal de contas, qualquer coisa pode ser usada como mesa se for ligeiramente plana. Usamos qualquer outro objeto como mesa e dizemos: "Agora, isso é uma mesa". Ontem talvez fosse uma caixa, mas hoje é uma mesa.

Embora essa seja uma explicação simplista de um entendimento profundo, ela é importante, porque rotulamos tudo e acreditamos em nossos rótulos em vez de reconhecê-los como sendo apenas um rótulo, apenas uma convenção.

O Buddha disse: "Eu também uso a linguagem conceitual, mas não me deixo enganar por ela".

E essa é a diferença: nós nos deixamos enganar e achamos que, se dermos um nome a algo, ele existirá como uma entidade separada e independente.

Mas aqui estamos lidando especificamente com a mente, não com mesas e, então, a questão é: o que é a mente? Por que a mente é vazia?

Em primeiro lugar, a mente é vazia porque nossos pensamentos estão fluindo incessantemente, como borbulhas arrastadas por um riacho. Não conseguimos pegar uma delas e dizer: "Esta é a mente" ou mesmo "Este é um pensamento" porque, no momento em que o identificamos, ele desaparece. Qualquer pessoa que tenha tentado observar a mente pode ver que, quando dizemos "pensamento", nunca conseguimos encontrar o pensamento em si. É como os fotogramas de um filme que se movem pelo projetor tão rapidamente que parecem produzir o drama inteiro. Cada um dos fotogramas está se movendo rápido demais para ser identificado. Quando percebemos, ele já passou.

O vazio da mente também expressa sua qualidade de espaço. A mente é vazia, mas também luminosa ou cognoscente. A mente não é algo que possa ser agarrado — é algo vasto e aberto, luminoso, claro e cognoscente. A natureza da mente é comparada ao céu. Se olharmos para nossa mente, perceberemos que há dois processos em andamento: há os pensamentos que surgem e desaparecem, momento a momento, simplesmente fluindo. E há também a consciência — a atenção plena que observa os pensamentos. Essa observação já é um passo à frente. Normalmente, somos simplesmente engolidos pelo fluxo do pensamento e arrastados por eles. Mas agora estamos dando um passo atrás e observando os pensamentos, o que significa que há uma distância entre o observador e os pensamentos.

No entanto, essa ainda é uma condição dualista, pois há o observador e o observado. Essa mente observadora é chamada de "atenção plena". Agora estamos conscientes de nossa mente e, por estarmos mais conscientes, não estamos mais tão completamente escravizados. Podemos começar a ver que todos esses sentimentos, pensamentos, ideias, crenças, memórias, preconceitos, julgamentos e apegos são apenas pensamentos. Meros pensamentos.

Portanto, aqui estamos nós, observando a mente. Observando os pensamentos enquanto eles passam, reconhecendo que os pensamentos vêm e vão, a cada momento. No início, o fluxo de pensamentos é como uma cachoeira que desce em cascata. Depois, torna-se como um rio de fluxo rápido, movendo-se gradualmente mais devagar à medida que a mente se acalma, até que, por fim, adentra o oceano do samadhi.

Essa é a mente convencional. A atenção plena que observa também é a mente convencional. Pense nas nuvens no céu durante uma tempestade. O céu está completamente coberto por nuvens; somente as nuvens são visíveis. Da mesma forma, a natureza da mente está coberta por todo o processo mental conceitual e, assim, quando olhamos para a mente, tudo o que vemos são as nuvens de pensamentos.

Mas essas nuvens não poderiam existir se não fosse pelo céu. As nuvens vêm do céu e se dissipam no céu novamente. Mas geralmente nos identificamos com as nuvens. Quando as nuvens se afastam, vemos o céu. É como voar em um avião em meio a nuvens espessas até que, de repente, o avião sobe e ficamos acima das nuvens, onde há uma vasta expansão azul com as nuvens abaixo. As nuvens flutuam dentro desse espaço aberto, que é vazio. É vazio à medida que não conseguimos agarrá-lo, ele não pode ser visto. No entanto, sem espaço, nada existiria. O espaço está por toda parte. Onde o espaço não está?

Se nos pedirem para descrever uma sala, nós falaremos dos móveis, das decorações e das pessoas presentes. Mas o que realmente existe é o espaço, porém geralmente não percebemos isso. No entanto, sem o espaço, não poderia haver móveis, não poderia haver pessoas. Os móveis e as pessoas só podem existir porque há espaço.

Além disso, as pessoas e os próprios móveis são, em última análise, espaço. Cada célula de nosso corpo é espaço. Se o corpo físico for reduzido infinitamente, talvez haja apenas vibrações de luz. Todos nós somos espaço. Não há lugar onde o espaço não esteja. Ele é todo-abrangente.

Assim, a natureza da mente é comparada ao espaço e ao céu. A atenção plena é um bom passo para evitar que sejamos completamente engolidos por nossos pensamentos, mas até mesmo nossa atenção plena é baseada na noção de *minha* atenção plena. Ainda não transcendemos a dualidade sujeito e objeto. Existe a atenção plena e algo a que se deve estar atento. Mas a natureza última da mente é como o céu, não pode ser dividida. Não há centro, não há fim.

Quando falamos sobre a natureza de Buddha, pode parecer que todo mundo tem um pequeno Buddha sentado dentro de si. "Este é o meu Buddha". "Guarde seu Buddha para você". "Na verdade, meu Buddha é um Buddha muito especial comparado ao Buddha de uma pessoa comum!" Mas não é assim. Não é como se todo mundo tivesse uma pequena natureza de Buddha sentada dentro de si. Isso seria apenas mais uma projeção do ego.

A natureza búdica é vazia. A natureza búdica é semelhante ao espaço. Não conseguimos agarrar o espaço. Podemos brigar pelo nosso lugar especial em uma sala, mas não podemos disputar o ar. Estamos todos sentados aqui, inspirando e expirando o mesmo ar. Não é possível dizer: "Com licença, não quero que você respire o meu ar!" Mesmo que fôssemos os mais ferrenhos inimigos, que brigam e gritam uns com os outros, na verdade estamos intimamente conectados porque estamos inspirando e expirando o mesmo ar, que chega às profundezas de nossos pulmões.

Não podemos nos apropriar do ar. O ar é algo compartilhado por todos os seres deste planeta, não apenas pelos seres humanos. Os animais, as árvores e as plantas também estão inspirando e expirando, nos ajudando a viver neste planeta. O espaço não tem centro e não tem limites; ele simplesmente é — um vasto espaço vazio como a verdadeira natureza de nossa mente. Mas, ao contrário do céu, que é apenas vazio, a natureza da mente também é cognoscente. Ela é consciente.

A palavra tibetana comumente usada para descrever um dos aspectos da verdadeira natureza da mente é *sal*, que é uma palavra difícil de traduzir para o inglês. Sal significa "clara" e também "brilhante", "luminosa". Também tem a conotação de ser cognoscente. A mente é vazia — o que significa que é espaçosa, aberta, desimpedida e impossível de ser agarrada — e, ao mesmo tempo, a mente é clara e luminosa. A mente é naturalmente cognoscente.

Se não fosse assim, não conseguiríamos perceber nada, não poderíamos ter consciência — mas todos nós temos. O termo tibetano *rigpa* (ou o termo sânscrito *vidya*) significa "saber", mas geralmente é traduzido como "estado desperto puro" ou "consciência primordial". É o fato de que temos consciência e que essa consciência é desimpedida, espaçosa, clara e luminosa — e é o que somos.

Mas essa qualidade de cognoscência da mente, que todos nós possuímos e que está aqui o tempo todo, está além da dualidade, o que significa que quando estamos em um estado de rigpa não existe a noção de "eu" e "outros". Essa dualidade simplesmente não existe. Não é que estejamos ausentes; é mais como se estivéssemos despertando. A palavra Buddha vem da raiz *buddh*, que significa "despertar". E é exatamente assim — despertamos de repente.

Somos capazes de ver e ouvir coisas porque temos consciência. Mas quando vemos ou ouvimos algo, imediatamente sobrepomos nossas ideias e julgamentos e, assim, a transparência subjacente fica obscurecida. A transparência luminosa está sempre presente, mas nós a encobrimos com nossos pensamentos dualistas. Não permitimos que a mente permaneça em seu estado desperto nu, que é seu estado natural antes de a revestirmos com todos os nossos conceitos.

Sem essa consciência desperta subjacente, não poderíamos existir. Mas estamos tão ocupados pensando, comparando, concebendo, julgando e conversando com nós mesmos que não a reconhecemos.

O objetivo é reconhecer essa qualidade fundamental da mente. Meu lama me disse: "Quando você reconhecer a natureza da mente, aí sim poderá começar a meditar". Isso significa que, até lá, estaremos apenas fazendo jogos mentais.

Quando experienciarmos o salto inicial, entenderemos o que estamos tentando fazer. Depois, com essa base, aprendemos a estabilizar essa realização. Normalmente, mesmo que reconheçamos a natureza da mente, imediatamente a mente dualista diz: "Espere! É isso aí! Finalmente entendi — agora estou iluminado!" O ego imediatamente se agarra à experiência e quer reproduzi-la.

Muitas pessoas, quando começam a meditar, não têm ideias preconcebidas: suas mentes são inocentes. Elas não têm nenhuma ideia do que deve acontecer e simplesmente ficam sentadas. Disseram a elas que deviam recitar um mantra ou seguir a respiração ou qualquer outra coisa e, como sua mente está muito relaxada, sem expectativas nem objetivos, é possível que alguma experiência aconteça espontaneamente. Parece tão fácil! Elas pensam: *Uau, que fantástico! Vou fazer de novo!* E, então, não acontece porque agora a mente está se agarrando e querendo repetir aquela experiência. Assim que a mente tem expectativas e se agarra a esperanças e medos, a porta se fecha. É isso que pode dificultar esse tipo de meditação. A maneira de reconhecer a natureza da mente é relaxar completamente e, ao mesmo tempo, permanecer concentrado.

Grandes mestres, mesmo que tenham tido experiências e entendimentos profundos quando crianças, ainda assim passam o resto de suas vidas praticando. Não basta apenas reconhecer a natureza da mente, é necessário repousar nessa consciência em todas as circunstâncias. Não apenas quando estamos em retiro, mas em todas as situações, onde quer que estejamos e o que quer que estejamos fazendo.

Quando for possível permanecer em um estado de consciência pura o tempo todo, inclusive durante o sono, a prática será estável. Muitos grandes praticantes de todas as tradições, na hora da morte, entram em um estado chamado *thukdam*. Isso significa que, embora o corpo e o cérebro tenham parado de funcionar, a consciência sutil, a natureza de clara luz, permanece no corpo, no centro do coração. O corpo não se decompõe nem entra em colapso; não entra em rigor mortis. Na verdade, muitas vezes ele se torna ainda mais bonito. Os praticantes permanecem nesse estado por horas, dias e, às vezes, semanas. Isso é realmente muito comum. De fato, espera-se que as pessoas que tenham realmente feito qualquer tipo de prática, na hora da morte, entrem pelo menos em um estado de *thukdam*.

A natureza de clara luz da mente se manifesta poderosamente no momento da morte, e esses praticantes se unem completamente a ela porque já estão familiarizados com a clara luz por meio de sua prática anterior. Dizem que é como uma criança reconhecendo sua mãe. Se não estivermos familiarizados com ela, quando a natureza de clara luz da morte surgir, ficaremos assustados e a perderemos.

Enfim, a questão é que, em última análise, a maior parte deste texto trata de como lidar com a mente em um nível relativo — como lidar com nossos pensamentos, respostas e emoções comuns em circunstâncias difíceis. Mas, em um piscar de olhos, Thogme de repente aparece com este verso sobre a natureza última da mente: "tudo que aparece é obra da mente".

Essa ideia de que as pessoas são hostis conosco, são simpáticas conosco, estão dizendo coisas desagradáveis a nosso respeito ou não estão sendo gratas pela gentileza com que as tratamos é, em última análise, obra de nossa própria mente. É tudo uma questão de como vemos o fato. Nosso pensamento conceitual comum reduz tudo, coloca tudo em caixinhas. Mas a natureza da mente está muito além de tudo isso — não pode ser colocada em uma caixinha. A natureza da mente é primordialmente livre de limitações conceituais — como o espaço.

Portanto, é vital reconhecer essa natureza, não apenas refletir sobre ela. Na verdade, não é possível refletir sobre ela, pois assim ainda estaremos pensando conceitualmente. Esse é outro ponto que devemos lembrar: é difícil pensar sobre algo que, por sua própria natureza, está além do pensar.

Certa vez, vi uma entrevista com um padre ortodoxo russo que disse que a primeira coisa que lhes foi ensinada no seminário é que qualquer coisa que digam ou pensem sobre Deus não é Deus. Pensei: "É isso mesmo, porque tentamos colocar até mesmo o impensável em pensamentos. É por isso que, na poesia tibetana, às vezes se começa exclamando "Emaho!", que significa "Ah, que fantástico! Que maravilhoso!" É uma expressão de admiração. Em seguida, o restante do texto retorna à linguagem conceitual na tentativa de expressar o inexprimível. Afinal de contas, escreveram livros e mais livros sobre o inexprimível e, ainda por cima, comentários sobre ele.

Diz-se que é como se uma pessoa muda quisesse falar sobre o sabor do mel — ela não consegue. Ela prova o mel, sabe qual é o gosto do mel, mas, como é muda e não consegue falar, não tem linguagem para descrevê-lo. Outro exemplo é um documentário sobre uma equipe de filmagem que foi a uma pequena ilha onde as pessoas cultivavam sementes de cacau para vender a empresas que fabricavam chocolate. Eles nunca haviam provado chocolate. Eles ficaram intrigados com o fato de as empresas pagarem tão caro pelas sementes de cacau, então tentaram comer as sementes e descobriram que eram amargas e repugnantes. A equipe perguntou: "Bem, o que vocês acham que é o chocolate?" A resposta foi: "Não sabemos, mas dizem que é muito bom; dizem que é doce e delicioso". Em seguida, a equipe de filmagem deu a esses nativos da ilha um pouco de chocolate de verdade e o documentário mostrou o rosto deles quando, pela primeira vez, provaram aquele chocolate delicioso. Eles ficaram surpresos: "Ah, é isso!" Agora eles sabiam por si mesmos. Não era preciso dizer mais nada. A experiência já dizia tudo. Podemos falar e falar sobre o sabor doce e cremoso do chocolate, mas a descrição não tem nada a ver com o sabor do chocolate quando o provamos de fato.

Isso se parece bastante com a natureza da mente. Podemos falar e falar a respeito, mas estaremos sempre usando uma linguagem conceitual para falar de algo que está além dos conceitos. É como o ditado zen sobre o dedo apontando para a lua. As pessoas ficam fascinadas com o dedo, mas ele não tem nada a ver com a lua. No entanto, se seguirmos a direção para a qual o dedo está apontando — lá está a lua.

Portanto, toda a prática budista está tentando nos direcionar de volta à natureza última da mente, que é inexprimível e não construída. O Buddha quase nunca descrevia o Nirvana, exceto para dizer o que ele não era — por exemplo, para dizer que era um estado livre de sofrimento. Ele não falava muito sobre isso porque a experiência está além das palavras. Se começarmos a falar sobre alguma coisa, a mente se agarra a ela e, então, pensa que realmente conhece a coisa porque, intelectualmente, é capaz de discorrer sobre ela. Mas podemos analisar o chocolate — estudar todas as fórmulas químicas e investigar como ele é feito — , mas não podemos realmente descrever seu verdadeiro sabor. A única maneira de conhecê-lo é comendo.

Portanto, esse texto dedica muito tempo a lidar com nossa mente comum, como ela é agora e como podemos trabalhar com ela com habilidade. Então, de tempos em tempos, Thogme apenas nos lembra de que nossa mente conceitual comum não é a essência, que há algo além dela.

Assim como as duas asas de um pássaro, o aspecto da sabedoria e o aspecto da compaixão/meios hábeis trabalham juntos. Não é como se, quando percebemos a natureza luminosa e vazia da mente, tivéssemos que esquecer todos os outros treinamentos em compaixão e paciência. Os dois precisam andar juntos. Mas, caso comecemos a nos apegar à ideia de que esse treinamento convencional da mente é a única coisa que temos a fazer, vem o lembrete de que, em última análise, tudo é vazio. Como diz a Prajnaparamita, embora façamos o voto de salvar incontáveis seres sencientes, na verdade, não há seres sencientes a serem salvos. Isso porque, de acordo com a visão da vacuidade, o que constitui o ser senciente, a noção de um eu e a separação dos outros é uma ilusão. Mesmo que não haja seres sencientes separados para serem salvos, trabalhamos para salvá-los, pois enquanto essa ilusão estiver presente, o sofrimento deles é real. Também devemos nos perguntar: Quem somos nós para salvá-los, já que também somos seres sencientes? Nosso próprio senso de ego e separação é uma ilusão. Há sempre esse jogo entre os dois aspectos, o definitivo e o relativo, e nenhum deles pode ser descartado. Um pássaro não consegue voar com apenas uma asa.

23

RECONHECER A ILUSÃO

> Ao encontrar objetos encantadores,
> vê-los como um arco-íris no verão,
> sem existência real, por mais
> belos que pareçam,
> e abandonar a ânsia e o apego é
> a prática do Bodhisattva.

Quando vemos algo que nos desagrada, reagimos com raiva e rejeição e o texto tem nos orientado sobre como lidar com essas situações. Entretanto, não temos apenas que lidar com circunstâncias desagradáveis na vida, mas também precisamos ser hábeis em lidar com aparências e circunstâncias agradáveis para não nos apegarmos a elas. Uma maneira de evitar o apego é reconhecer a impermanência de todas as coisas. Eis o que Dilgo Khyentse Rinpoche diz sobre esse verso:

> O mundo externo e seus habitantes são impermanentes. Por enquanto, o seu corpo e a sua mente estão juntos, mas é como se a mente fosse um hóspede e o corpo um hotel, onde o hóspede faz uma breve estadia. Quando você entender isso de verdade, a aparência de realidade das ambições comuns irá desaparecer e você perceberá que a única coisa realmente significativa a ser feita, no presente e no futuro, é praticar o Dharma.[42]

Novamente, não há nada de errado em gostar de coisas bonitas. Podemos ver um arco-íris e dizer: "Que lindo!" Mas não tentamos agarrá-lo nem nos apropriar dele. O arco-íris não é meu. E sabemos que, em poucos minutos, ele desaparecerá. Sabemos que os arco-íris são feitos de espaço, da umidade da água no ar e do sol refletindo em uma determinada direção. Quando todas essas causas e condições se reúnem, surge um arco-íris. Nunca conseguiremos encontrá-lo; podemos ver que ele

---

[42] Khyentse, A Essência da Compaixão, 155.

está lá e podemos fotografá-lo, mas ele é efêmero. Ele durará enquanto as causas e condições estiverem reunidas e, quando terminarem, ele desaparecerá. Achamos que é bonito e podemos apreciá-lo, pois em muitas culturas o aparecimento de um arco-íris em determinados momentos é considerado auspicioso. Mas não tentamos tomá-lo para depois mostrá-lo apenas para alguns amigos. Não podemos obter direitos autorais. O arco-íris está lá para todos e parte de sua beleza é sua natureza efêmera.

Da mesma forma, devemos tentar ver todos os objetos agradáveis como se fossem arco-íris. Em última análise, eles não são reais. Embora esses objetos possam ser bonitos e agradáveis, não precisamos nos agarrar a eles nem ansiar por eles. Podemos apenas apreciar sua beleza — e isso é suficiente. Caso contrário, não seremos donos dos objetos; os objetos é que serão nossos donos.

O tipo de mente que apenas vê algo com apreciação e alegria é uma mente inocente. Entretanto, quando começamos a pensar em possuir e manter as coisas para nós, imaginando: "*Isso é meu...*", é aí que começa o problema. Mesmo que seja algo que compramos porque pode ser útil, devemos reconhecer que sua natureza é impermanente e, portanto, não é realmente nosso.

Podemos dizer: "Isso é meu", mas, afinal, o que é nosso? Não somos donos nem de nós mesmos, como podemos ser donos de alguma outra coisa? Como podemos possuir outra pessoa? De qualquer forma, no final da vida, deixaremos tudo para trás. Então, o que importa? É essa mente que se agarra que é o problema. Não é a beleza ou os objetos.

Os objetos são inocentes. Os objetos são apenas o que são. Eles não têm nada a ver com isso; eles não são o problema. O problema são os sentimentos que eles despertam em nossas mentes avarentas. Não é que não possamos apreciar as coisas. Não é que não possamos nos deleitar com as coisas. Mas quando estendemos a mão e dizemos: "Preciso ter isso para mim... agora!", esse é o problema.

Sabemos que devemos segurar tudo com leveza. Isso não significa que não podemos ter nada, mas sim que devemos manter tudo com delicadeza. Apreciamos, mas sem agarrar. É a mente que se agarra que causa tanta dor. Assim como temos que lidar habilmente com as coisas que nos causam mágoa, raiva e aborrecimento, da mesma forma temos que lidar habilmente com as coisas que nos dão prazer, deleite e alegria.

O ideal é segurar tudo com leveza e delicadeza e, simplesmente, deixar que as coisas sejam como são, permitindo que fluam.

É por isso que a generosidade é uma qualidade maravilhosa. Normalmente, nos apegamos muito aos objetos de que gostamos, mas com generosidade podemos entregá-los a outra pessoa, deixá-los ir. Então, tudo se torna mais leve; toda a nossa vida se torna muito mais leve. É incrível o quanto nos apegamos às coisas. Em um minuto, é apenas um objeto, no minuto seguinte, nós o compramos, então agora ele é nosso, e nossa atitude muda completamente.

Por exemplo, se estivermos em uma loja de óculos e algum deles cair no chão e quebrar, ficaremos indiferentes. Mas quando descobrimos que foram os nossos óculos que caíram no chão e quebraram, ficamos muito chateados: "Ah não! Como alguém pode ter quebrado os meus óculos?" Enquanto eram apenas óculos, não importava, mas quando são meus óculos, a situação é totalmente diferente. Tudo por causa dessa pequena palavra: *meus*.

Portanto, devemos ser mais conscientes. O primeiro passo é apenas ter consciência. Compreender que tudo é impermanente e semelhante a uma ilusão. Raramente experienciamos algo diretamente. Tudo o que percebemos ou experienciamos é filtrado pela nossa percepção e visão de mundo dualista e deludida. Se todas as coisas que experienciamos são distorcidas e impermanentes, por que nos agarrarmos a elas? Por que se apegar ou ter aversão? É por isso que a atenção plena é útil. A atenção plena nos torna muito mais conscientes de toda essa mentalidade estúpida, que normalmente aceitamos sem examinar e que nos leva a nos apegar a coisas que são impermanentes e que não são o que parecem. Aos poucos, podemos nos tornar mais conscientes e mais criteriosos.

Levamos nossa mente conosco para onde quer que vamos. Mesmo que fôssemos para Marte ou Júpiter, estaríamos levando a mesma mente. Essa é a mente com a qual vivemos, com a qual dormimos, com a qual conversamos constantemente. É nossa companheira mais fiel, permanecendo conosco o tempo todo. Portanto, não faz sentido ter uma companhia com a qual seja agradável conviver? Será que queremos um amigo que reclama o tempo todo ou nos diz que somos inúteis, que não conseguimos fazer nada direito e que nunca vamos conseguir nada? Que tipo de amigo é esse? Desse ponto de vista, seria útil fazer amizade com nossa mente. Shantideva enaltece a autoconfiança como uma ajuda indispensável para o caminho do bodhisattva. Domar a mente não significa apenas torná-la calma e concentrada, mas também amigável e disposta a ser treinada.

Aqui estamos dentro de nossas mentes, que poderíamos imaginar como se fosse uma sala onde as portas e as janelas são geralmente mantidas fechadas. Muitas pessoas vivem internamente, com as cortinas ou persianas fechadas e com pouca luz vindo de fora. Entretanto, essa sala mental se enche incessantemente com montes e montes de lixo, se tornando um amontoado de opiniões de outras pessoas que são constantemente exibidas na televisão e compartilhadas na Internet e em jornais, livros e revistas. Raramente esse lixo é peneirado e organizado e quase nada é jogado fora. A mente se torna como um grande monte de lixo e nós vivemos no meio dele. Nunca limpamos ou tiramos o pó, nunca abrimos a porta ou as janelas, nunca deixamos entrar ar fresco... e então, um belo dia, decidimos convidar o Dalai Lama para tomar chá em casa!

Agora, se vamos receber Sua Santidade em nossa casa, não podemos recebê-lo em uma pilha de lixo, portanto, temos que começar a limpar. Começamos a examinar todo esse lixo e a decidir o que é necessário e o que realmente não vale a pena manter. Podemos começar a jogar muita coisa fora. Abra as portas, abra as janelas, *limpe.* Jogue fora parte desse lixo. Procure pensar: *O que estou fazendo com esse lixo em minha mente? É simplesmente inútil. Todos esses julgamentos, opiniões, devaneios, lembranças... uma perda de tempo. Por que fico regurgitando todo esse drama de novo e de novo?*

Uma das coisas que descobrimos rapidamente quando começamos a observar nossa mente é o quanto ela pode ser entediante. No início, pode parecer interessante observar o fluxo de pensamentos, mas depois é como assistir ao mesmo drama sem graça várias vezes — mais uma reprise de Casablanca. Mais uma história baseada na percepção distorcida de nosso mundo como permanente e sólido, quando ele é impermanente e ilusório. Nossas mentes são repetitivas e, na verdade, bastante chatas na maior parte do tempo. A mente raramente pensa em algo fresco, novo e empolgante. Na maioria das vezes, é apenas o mesmo material rançoso, repetido várias vezes. As mesmas velhas queixas e lembranças — tanto felizes quanto tristes — , opiniões, ideias, planos, fantasias e medos. Se começarmos a observar nossa mente, veremos que ela geralmente não é original. Nossa mente conceitual comum não é realmente muito brilhante. Há muito lixo lá dentro que poderia muito bem ser jogado fora — porque Sua Santidade está chegando.

Dessa forma, começamos a limpar um pouco da sujeira e a decorar com bons pensamentos, com ideias bonitas, com reflexões claras e originais. Quando nosso quarto mental estiver razoavelmente em ordem e parecer mais agradável, então podemos convidar Sua Santidade a entrar. Isso significa que podemos convidar a sabedoria para entrar em nosso coração. Podemos convidar a sabedoria e a compaixão para entrar e habitar em nós. Na verdade, Sua Santidade — o bodhisattva da compaixão — não vive fora, ele vive dentro de nós e é a natureza de quem realmente somos.

A boa notícia é que nós não somos esse lixo, a aversão e o apego, nós realmente não somos isso, e não precisamos viver sempre no meio de uma pilha de lixo. Porque essa não é a nossa natureza. Todos nós somos muito melhores do que acreditamos ser. Como disse o Buddha: "Se não fosse possível fazer isso, eu não pediria a vocês que o fizessem. Mas como é possível, estou dizendo: faça."

Mas não podemos depender apenas de uma autoridade externa para nos encorajar. É claro que, como acontece com qualquer habilidade, precisamos de orientação e professores, mas, em última análise, nós mesmos precisamos trilhar o caminho. No final da prática de guru ioga, depois de rezarmos ao lama pedindo bênçãos, dissolvemos o lama em nós mesmos, reconhecendo que a mente dele e a nossa são a mesma coisa — como água derramada na água ou um floco de neve pousando na superfície calma de um lago. Os dois se tornam um só. Isso nos mostra duas coisas: a natureza semelhante ao arco-íris de nós mesmos e dos outros e a unicidade de nós mesmos e da mente de sabedoria dos buddhas.

Recebemos a orientação formal externa para podermos reconhecer que o verdadeiro guia está sempre dentro de nós. A separação é ilusória. Não devemos pensar que, pelo resto de nossas vidas, precisaremos sempre contar com orientação externa. Considere a palavra *lama*: *la* significa superior e *ma* significa mãe, portanto, um lama é uma "mãe superior", e essa é a tradução da palavra sânscrita *guru*.

Quando somos crianças pequenas, nossa mãe cuida de nós, nos educa, nos ensina e nos cria. Sem uma mãe, a criança tem dificuldades. Mas, depois que nos tornamos adultos, se ainda precisarmos da mamãe para fazer tudo por nós e nos dizer o que devemos fazer, então ela não foi uma mãe muito boa. A mãe deve treinar a criança para que ela se torne autônoma e independente. Mesmo que, quando adultos, ainda amemos nossa mãe e sejamos gratos a ela e, se tivermos muitos problemas, possamos ir até ela para pedir conselhos, não podemos depender dela para tudo. Uma boa mãe não incentiva seus filhos a permanecerem tão dependentes dela a ponto de não conseguirem tomar suas próprias decisões. Uma mãe superior é aquela que treina seus filhos para serem adultos bondosos, responsáveis, inteligentes e independentes.

O mesmo acontece no caminho espiritual. Sim, precisamos de orientação, precisamos de instrução, porque espiritualmente somos como crianças. Mas, em um determinado momento, à medida que nossa compreensão se aprofunda, começamos a crescer interiormente e precisamos começar a confiar em nossa própria sabedoria interna. Há algo dentro de nós que sabe. Parte de nós sabe que nosso mundo não é tão sólido, que é impermanente. Geralmente, isso fica encoberto por todos os nossos pensamentos conceituais. Estamos tão ocupados conversando com nós mesmos que não conseguimos ouvir a voz do silêncio. Portanto, é importante retornar à nossa sabedoria original e confiar em nosso próprio conhecimento inato.

Enquanto ainda somos crianças, confiamos em nossa mãe e isso é importante. Não devemos tentar nos afastar dela cedo demais. Por exemplo, quando eu tinha cerca de seis anos de idade, pensava que, quando viajava com minha mãe no ônibus, deveria me sentar separada dela para mostrar que eu era independente. Minha mãe sempre permitia que eu me sentasse sozinha, mas, é claro, ela se sentava em um lugar de onde podia ficar de olho em mim. Embora ela me permitisse fingir que eu era independente e adulta, eu sabia que ela estava sempre ao meu lado. Entretanto, com o tempo, houve um momento em que eu realmente quis ficar longe — e ela me deixou ir.

Com os gurus é a mesma coisa. Embora sejamos apenas crianças, espiritualmente falando, precisamos de sua orientação, precisamos de sua ajuda. Mas, apesar disso, os bons gurus, os verdadeiros lamas, treinam seus alunos para que não sejam eternamente dependentes deles, mas para que aprendam a confiar em si mesmos, em sua própria sabedoria interna. Se observarmos as histórias dos grandes mestres do passado, em algum momento eles mandavam seus discípulos embora. Como aconteceu com Milarepa, que foi mandado embora por Marpa. Ele foi instruído a seguir em frente. Milarepa continuou a rezar para Marpa, mas não o viu mais, exceto em visões ocasionais.

Tenha cuidado com lamas que querem ter seus discípulos ao redor deles para sempre; aqueles que, trinta anos depois, ainda têm todos os seus discípulos — os mesmos. Os discípulos não podem tomar nenhuma decisão sem correr para o lama para pedir seu conselho ou consentimento. Isso não parece muito saudável do ponto de vista psicológico. O discípulo precisa do lama ou o lama precisa do discípulo? Há um antigo ditado na tradição tibetana que, parafraseado, significa: No início, o professor físico é o guru. No período intermediário, os ensinamentos (os textos, as práticas e as instruções concisas) são o guru. Depois, por fim, a verdadeira natureza é o guru.

Para encerrar a discussão sobre esse verso, devemos tentar ver todos os objetos agradáveis como se fossem arco-íris. Eles não são permanentes ou duradouros. São impermanentes e momentâneos. Como eu disse anteriormente, embora as coisas às quais estamos apegados possam ser bonitas e agradáveis, não precisamos nos agarrar ou ansiar por elas. Podemos simplesmente apreciar o quanto elas são belas. Isso também se aplica aos nossos relacionamentos, até mesmo ao nosso relacionamento com nossos professores ou gurus. O tipo de mente que vivencia tudo sem apego é uma mente inocente, cheia de apreciação e alegria.

24

ABANDONAR A ILUSÃO

> Os diversos tipos de sofrimento são como sonhar com a morte de um filho: quando nos apegamos às percepções equivocadas como sendo reais, ficamos exaustos. Portanto, ao encontrar circunstâncias desfavoráveis, vê-las como ilusões é a prática do Bodhisattva.

Com esse verso, Thogme Sangpo sugere que estamos fabricando nossa própria realidade e que, por acreditarmos tão desesperadamente em tudo que experienciamos, sofremos. Ah, se ao menos pudéssemos ver que se trata apenas de uma projeção, como um filme. Quando assistimos a um filme, rimos quando é uma comédia e choramos quando é uma tragédia. Mas nós nos lembramos de que é apenas um filme. No final, quando a heroína morre nos braços do herói, por mais que nosso coração doa naquele momento, nós não saímos do cinema com vontade de cometer suicídio — é apenas um filme.

Lembro-me de ter assistido ao filme Bambi quando era apenas uma garotinha. Ah, a parte em que a mãe do Bambi morre! Eu só tinha a minha mãe e não sabia que as mães podiam morrer. Foi um choque terrível. Eu fiquei desolada, despedaçada. Eu chorava tão alto que minha mãe teve que me tirar do cinema. Temos que ter cuidado com os filmes a que assistimos!

"Os diversos tipos de sofrimento são como sonhar com a morte de um filho" é a maneira de Thogme Sangpo nos dizer que devemos entender que nossa experiência é uma ilusão, ou melhor, uma delusão de permanência e de coisas solidamente existentes. Quando sonhamos com a morte de alguém que amamos, no sonho nos sentimos completamente traumatizados. Choramos e acordamos com o travesseiro encharcado de lágrimas. Mas, então, pensamos: "Ah, mas foi só um sonho." No entanto, por acharmos que tudo é muito real, sem nos darmos conta de que, em um nível mais profundo, tudo é realmente nossa projeção, sofremos. Essa é uma questão difícil para as pessoas. Mas, de fato, tudo isso é apenas um sonho. Vivemos em um sonho e precisamos acordar. Todo o budismo trata do despertar do nosso sonho de ignorância. Solidificamos tudo e fazemos com que pareça muito real, verdadeiramente existente, mas não é. Tudo é semelhante a um arco-íris. É importante que reconheçamos a natureza ilusória e impermanente das coisas. Como Dilgo Khyentse Rinpoche explica:

> Se você contemplou a natureza vazia dos fenômenos durante as sessões de meditação, será fácil ver a natureza onírica dos fenômenos no período entre as sessões. Ao mesmo tempo, você sentirá surgir facilmente uma compaixão por aqueles que sofrem sem necessidade, por não estarem cientes da natureza ilusória de todas as coisas.[43]

Não se trata de nos tornarmos insensíveis e distantes, mas de começarmos a ver de uma perspectiva mais elevada. Sua Santidade o Dalai Lama recebe constantemente notícias de coisas horríveis que estão acontecendo, não apenas dos tibetanos, mas de pessoas do mundo inteiro que vêm lhe contar todas as coisas terríveis que estão ocorrendo em seus países. Quando Sua Santidade ouve essas histórias de tristeza, ele chora. Sua Santidade não é daqueles que acham que chorar não é coisa de homem. Ele fica feliz em chorar (por assim dizer) porque tem um coração realmente aberto, que sente empatia pelo sofrimento dos outros. Esse é o aspecto da compaixão de um bodhisattva.

Mas, em seguida, o lado da sabedoria vê que tudo isso é, em última análise, como um arco-íris vazio. É sempre apenas uma projeção. E, então, cinco minutos depois, Sua Santidade está rindo novamente. Não é porque não se importe, mas é porque há um equilíbrio entre sabedoria e compaixão que lhe permite absorver todo esse sofrimento, toda essa tristeza e, depois, transmutá-la para que não pese em seu coração.

Como esse sofrimento universal não se assenta como uma enorme pedra em seu coração, ele não fica em depressão profunda o tempo todo, nem amargo ou irritado. Em vez disso, todo o sofrimento que che-

---

[43] Khyentse, A Essência da Compaixão, 157.

ga até ele alimenta sua compaixão e sabedoria. Portanto, quando as pessoas estão perto dele, elas se sentem confortadas. Elas sentem uma alegria interna e uma sensação de que, de alguma forma, está tudo bem. Isso faz parte de seu poder. Eu estava conversando com um de seus secretários e ele disse que algumas pessoas chegam para uma audiência tensas, chateadas, com raiva e chorando. Elas contam coisas terríveis a Sua Santidade, mas, pelo modo como ele se senta e absorve tudo e depois oferece suas próprias palavras de conselho — e graças ao seu infinito amor e compaixão — , os visitantes saem sorrindo. De alguma forma, ele toma para si toda a dor e os alivia, como se tivesse tirado o fardo de dentro deles e dissolvido novamente no vazio primordial. Ele vem fazendo isso há mais de cinquenta anos.

Nós precisamos trazer nossa percepção pura para as experiências e nos lembrar de como as coisas realmente são. Obviamente, quando algo realmente terrível acontece, como perder alguém que amamos muito, o luto é natural. Ninguém está dizendo para não sofrermos. Mas, em um determinado momento, o luto excessivo se transforma em autopiedade. Não temos mais pena apenas da pessoa que morreu ou ficou doente, temos pena de nós mesmos. Isso também fortalece o ego e não ajuda ninguém. É contraproducente. O ego fica feliz por estar infeliz. O ego se alimenta de nossa infelicidade tanto quanto de nossa felicidade porque quando algo terrível acontece, se estamos de luto, se estamos sofrendo, então nos lembramos de nossa dor repetidas vezes, pensando apenas em nós mesmos. Esse autocentramento é tudo o que o ego quer: seja um eu feliz ou um eu infeliz, não importa — sou eu.

As pessoas que têm problemas psicológicos geralmente ficam absorvidas em si mesmas. As pessoas mais sãs e saudáveis são aquelas que não pensam principalmente em si mesmas; elas estão muito mais interessadas no bem-estar dos outros. Isso lhes dá uma espécie de paz e espaço. Mesmo quando surgem situações difíceis neste mundo, temos espaço para absorver e depois dissolver. Ocorre uma libertação desse apego rígido. Thogme diz:

> Portanto, ao encontrar circunstâncias desfavoráveis,
> vê-las como ilusões é a prática do Bodhisattva.[44]

---

[44] Khyentse, A Essência da Compaixão, 155.

Precisamos ter cuidado para não fazer dessas dificuldades e tragédias o centro de nossas vidas e perceber que, dentro do longo filme contínuo que é a vida, essa é apenas uma cena. Precisamos seguir em frente.

É importante trazer sabedoria e compreensão para nossas vidas. Precisamos aclimatar nossa mente com antecedência para que, quando algo ruim acontecer, já tenhamos conhecimento e força para lidar com o problema. A sabedoria budista reconhece que as coisas não são tão sólidas e imutáveis como parecem ser, portanto, precisamos entender que a forma como vemos as coisas é apenas a forma como vemos as coisas. Isso não significa que as coisas sejam realmente assim, pois, como já sabemos, percebemos tudo por meio de nossas mentes deludidas. Não vemos as coisas como elas realmente são; somente um Buddha ou um Arya bodhisattva enxerga as coisas verdadeiramente como são.

Mas mesmo que não consigamos ver as coisas como elas são, pelo menos podemos tentar nos lembrar de que não estamos vendo as coisas como elas realmente são. Aqueles com sabedoria superior concordam que nossa realidade aparente é apenas uma projeção. Mesmo que não vejamos as coisas dessa forma, devemos nos lembrar de que os professores mais avançados, que sabem muito mais do que nós, concordam que tudo é apenas uma projeção. Não precisamos nos agarrar ao que é prazeroso ou ao que é doloroso.

Como mencionei no capítulo 1, fui criada no Espiritismo e realizávamos sessões espíritas em nossa casa na década de 1950, logo após a Segunda Guerra Mundial, que ainda estava muito presente na mente das pessoas. Tínhamos um casal de amigos que comparecia regularmente porque haviam perdido seu único filho na guerra. Ele morreu quando seu tanque capotou em uma ponte e explodiu, de modo que os soldados presos dentro do tanque morreram queimados e afogados. Esse casal enlutado ia às sessões apenas para se comunicar com o filho, e ele lhes dizia: "Sim, foi horrível, mas agora estou bem e preciso seguir em frente. Por favor, parem de tentar entrar em contato comigo. Tivemos nosso tempo juntos, mas agora me deixem ir e continuem com suas vidas." Mas eles não conseguiam se libertar da dor e do apego porque haviam centrado toda a vida no filho — e na perda dele.

A questão é que perder seu único filho é uma coisa terrível, mas o filme continua. Ele faleceu e nós também precisamos continuar. Ficar preso a uma única cena e continuar a reproduzi-la repetidamente não ajuda ninguém. Portanto, quaisquer que sejam as coisas horríveis que nos aconteçam, temos de lembrar que as pessoas estão morrendo e nascendo o tempo todo. É claro que isso é horrível e gostaríamos que não acontecesse, mas aconteceu, e temos que aceitar isso. Todas essas coisas que chegam até nós podem nos ensinar algo. O que podemos aprender? É importante pegar tudo o que acontece em nossa vida e tentar extrair lições.

Algumas pessoas chamam este mundo de escola da vida e algumas lições são difíceis, mas é assim que crescemos em entendimento e experiência. Se tudo fosse sempre fácil e agradável, não aprenderíamos muito. Ao fazer uma retrospectiva de sua vida, muitas pessoas percebem que foi durante as partes difíceis, os desafios, que elas sentem que realmente fizeram algum progresso interno. Mais tarde, elas se sentem gratas pela oportunidade de crescer. Caso contrário, teremos de continuar repetindo os mesmos erros várias vezes até finalmente aprendermos a lição. Quando aprendemos a lição, podemos nos formar nessa disciplina e seguir em frente.

A maneira mais potente de evitar repetir os mesmos erros várias vezes é lembrar que nossas percepções da realidade (e nossas próprias mentes) são profundamente equivocadas. Esse é o foco do verso final dos Oito Versos para Treinar a Mente de Langri Thangpa:

> Que eu possa manter estas práticas
> isentas das oito preocupações mundanas.
> Que eu possa reconhecer todos os fenômenos como ilusórios
> e, livrando-me do apego, me libertar da escravidão.[45]

Como você deve se lembrar do capítulo 12, as oito preocupações mundanas são ganho e perda, prazer e dor, elogio e culpa, fama e ser esquecido. A maioria das pessoas quer ganhar e ser elogiada, ter prazer e desfrutar de uma boa reputação. Todos nós queremos evitar a perda e a dor, a culpa, uma má reputação e assim por diante. O ponto que precisamos extrair desse verso é que não devemos ficar presos em meio a esses opostos, a esses objetivos mundanos. Por que estamos praticando o Dharma? Para

---

[45] Geshe Sonam Rinchen, *Eight Verses for Training the Mind*, trad. Ruth Sonam (Bouder: Snow Lion, 2001), 73.

que as pessoas gostem de nós e digam coisas boas a nosso respeito e para que sejamos conhecidos por nossa santidade? Ou para que a vida seja boa e agradável e todos nos ajudem? Essas não são boas razões. Da mesma forma, podemos fazer algo porque temos medo de que, se não o fizermos, as pessoas nos critiquem ou criem problemas para nós. Essa também não é uma motivação válida. Não devemos nos prender ao ganho e à perda, ao prazer e à dor. Essa não deve ser a nossa motivação.

Certamente não devemos praticar para impressionar os outros, ou porque achamos que as pessoas gostarão mais de nós ou por qualquer um desses motivos ocultos de autoengrandecimento. Nossas intenções ao praticar devem ser puramente para beneficiar os outros e a nós mesmos, para despertar para o supremo e para valorizar o bem-estar dos outros. Isso é tudo.

Não se trata de inflar nosso ego. Isso é fundamental. Como seres humanos, todos somos afligidos por pensamentos e comportamentos de autoapreço, mas a questão é que devemos realmente dedicar nossa vida não apenas para nos beneficiar, mas também para beneficiar os outros. Entretanto, isso não significa que devemos beneficiar apenas os outros e ignorar a nós mesmos. É preciso haver um equilíbrio. Temos que inspirar e expirar.

Se somente expirarmos e quase não inspirarmos, ficaremos asfixiados e exaustos rapidamente. Isso geralmente acontece com pessoas que têm trabalhos muito exigentes em assistência social, etc., ou em profissões que envolvem traumas. Elas são muito gentis e compassivas, mas ficam desequilibradas e se sentem culpadas se dão a si mesmas algum tempo de descanso ou cuidado. Acham que, se forem gentis consigo mesmas, isso é egoísmo, e que deveriam estar pensando apenas nos outros.

Há pessoas que pensam apenas em si mesmas e não estão nem um pouco preocupadas com os outros. Elas acreditam que os outros têm condições de cuidar de si mesmos e entoam o mantra: "O que importa para mim sou eu!" Há outras pessoas que, muitas vezes, por causa da baixa autoestima, sentem-se culpadas quando cuidam de si mesmas. Elas acreditam que precisam dar mais e mais aos outros e nunca cuidar de si mesmas. Essa também é uma maneira desequilibrada de viver e, no final, acabam se esgotando.

É importante cuidarmos de nós mesmos para que possamos ter força para cuidar dos outros. É como um copo d'água: se continuarmos derramando a água sem nunca encher, logo o copo ficará vazio. Ele precisa ser constantemente reabastecido para ter algo para derramar. Ou, se usarmos nossos smartphones constantemente e nunca os recarregarmos, logo ficarão sem bateria. Muitas pessoas também ficam sem energia porque se esquecem de recarregar. Precisamos recarregar nossas baterias fazendo retiros ou outras coisas que nos ajudem a relaxar, que nos deem prazer e nos façam rir, para não nos levarmos muito a sério. Todos nós precisamos de mais leveza, não é mesmo?

O ponto é que, para trilhar o caminho, temos que estar equilibrados. É por isso que o Buddha disse que devemos começar oferecendo bondade amorosa e compaixão a nós mesmos. Isso é importante. Se não praticarmos a bondade amorosa para nós mesmos, como poderemos praticar a bondade amorosa genuína para com os outros? Primeiro, devemos nos preencher com amor.

O Dharma é bom em golpear o ego. Os textos estão sempre falando sobre os perigos do ego, da identificação com o eu e da mente autocentrada e assim por diante. De modo geral, nos países budistas, as pessoas não sofrem crises de baixa autoestima. Elas se sentem muito bem consigo mesmas e, portanto, podem se dar ao luxo de levar alguns tapas no ego e, ao mesmo tempo, se sentirem encorajadas a se esforçar mais para ajudar os outros. Mas, por alguma estranha razão, no Ocidente, apesar da relativa riqueza e da boa educação, as pessoas geralmente têm uma autoestima baixa e frágil. No entanto, dois milênios e meio atrás, Buddha disse: "Começamos dando bondade amorosa, compaixão e alegria empática a nós mesmos."

Agora, a quem estamos oferecendo bondade amorosa? À realidade última de nossa natureza de Buddha? Mas a natureza de Buddha já é bondade amorosa. Para quem estamos enviando o amor e quem está enviando? Bem, eu estou enviando bondade amorosa para mim. Aqui estamos lidando com a realidade convencional, a mente dualista que cria a ilusão de eu e outro. Embora, em última análise, o ego seja uma ilusão, por enquanto precisamos ter um senso de eu confiante para trilhar o caminho da dissolução do eu. Simplesmente dizer: "Não tenho ego" não ajuda. Quem está dizendo: "Não tenho ego"? É o ego! Quem está derrubando nosso ego toda vez que ele tenta levantar a cabeça? Novamente, é o ego. É importante entender isso. O Buddha viu isso claramente. Ele não explicou exatamente dessa forma, mas se observarmos seu caminho, ele começa com a meditação shamatha, que é praticada para aquietar, acalmar e centrar a mente. A mente precisa estar equilibrada e saudável para poder entrar nos vários níveis de absorção da meditação chamados dhyanas. Shamatha serve para curar a mente, para equilibrar todos os nossos fatores psicológicos para que, com vipashyana, ou insight, possamos descascar a consciência como uma cebola, camada por camada.

Se nosso senso de ego não for saudável e estiver sofrendo, não conseguiremos remover as camadas. Na verdade, seria psicologicamente destrutivo fazer isso. Temos que ser fortes, com uma consciência calma e lúcida a fim de direcionar o raio laser do insight para a natureza de nossa mente vazia e luminosa. Portanto, é importante considerar esses textos em seu contexto. A verdadeira mensagem do lojong é que até mesmo as dificuldades podem ser úteis e proveitosas. Ganhamos força interior ao reconhecer que todos os desafios que enfrentamos são um meio para avançarmos espiritualmente e amadurecermos interiormente.

Se ficarmos felizes quando as coisas derem certo e deprimidos e frustrados quando derem errado, ou se formos amorosos e doces quando as pessoas fizerem coisas que nos agradam e ficarmos com raiva quando as pessoas fizerem coisas que não nos agradam, então, basicamente, ainda estaremos no nível de uma criança de dois anos. As crianças de dois anos são só sorrisos e covinhas quando as coisas saem do jeito que elas querem e fazem birra quando não saem. Enquanto isso, crescemos, envelhecemos e ganhamos mais rugas, mas por dentro ainda somos basicamente crianças de dois anos. Quando as coisas dão certo, somos simpáticos e cordiais. Quando as coisas não dão certo, ficamos chateados, irritados e deprimidos. Ainda temos acessos de raiva por dentro, mesmo que por fora estejamos respirando fundo. Talvez não demonstremos mais nossas emoções como crianças, mas internamente a mesma reação está ocorrendo: felizes quando as pessoas fazem o que queremos, chateados quando não fazem. Exatamente como as crianças pequenas.

O Buddha sempre disse que no caminho do Dharma precisamos amadurecer, precisamos crescer, precisamos nos tornar adultos. Todas essas práticas servem para nos ajudar a transformar nossas respostas e atitudes normais de que quando as coisas dão certo, isso é bom, e quando as coisas são difíceis, isso é ruim. Talvez essas coisas que chamamos de difíceis e ruins sejam as melhores coisas que poderiam ter acontecido conosco. Como eu disse, isso não é apenas um tipo de filosofia da Nova Era para nos sentirmos bem. Isso é o Dharma fundamental do Buddha. É apenas o ego que decide se algo é bom ou não, com base no princípio do prazer/dor. Mas o ego é ignorante. Às vezes, as piores coisas acabam sendo as melhores.

"Que eu possa reconhecer todos os fenômenos como ilusórios e, livrando-me do apego, me libertar da escravidão", escreve Langri Thangpa. O mundo que percebemos como sendo tão real e separado de nós mesmos é comparado nos textos tradicionais a uma ilusão; é como um sonho, como uma miragem, como um arco-íris e assim por diante. Em outras palavras, as coisas parecem ser exatamente o que são mas, na verdade, quando examinadas de perto, elas não têm existência inerente. Os fenômenos se formam por causa de causas e condições, mas, por si sós, não têm realidade última. O que percebemos são projeções de nossa consciência. Novamente, isso não significa que não existimos. Obviamente, existimos, mas não existimos da forma como pensamos existir.

Recentemente, conversei com um neurocientista que disse que quase tudo que aparece em nossa consciência como realidade não é real. Hoje em dia, os neurocientistas estão descobrindo que a porcentagem do que nosso mecanismo cerebral acrescenta à percepção nua e crua que passa pelas portas dos sentidos é, na verdade, muito maior do que se pensava. Nossa realidade aparente é brilhantemente fabricada por nossa mente de acordo com o tipo de cérebro, órgãos dos sentidos e karma que temos e compartilhamos como seres humanos. Se tivéssemos órgãos sensoriais diferentes e um mecanismo cerebral diferente, veríamos as coisas de forma diferente. O próprio Buddha disse que o universo é criado por todo o karma dos seres que o habitam. Em outras palavras, todos estão criando espontaneamente seu próprio universo.

A neurociência está agora confirmando a sabedoria que é conhecida há milhares de anos na Índia. O que percebemos não existe por si só. Por exemplo, quando estamos sonhando, se o sonho é vívido, então realmente acreditamos nele e nosso corpo também acredita. Se for um sonho assustador, nosso coração baterá forte e assim por diante. Quando os cães sonham que estão perseguindo ou fugindo de algo, suas patas executam as ações mesmo que eles estejam dormindo. Nosso corpo acredita no sonho que a mente está tendo, mas, quando acordamos, pensamos: *Ah, era só um sonho. Agora isto é real.* Mas, do ponto de vista da realidade suprema, isto ainda é apenas um sonho. Quando despertamos para nossa consciência primordial não-dual, a consciência nirvânica, a natureza de Buddha, o dharmakaya, seja qual for o nome que lhe dermos, a consciência do pensamento conceitual comum com a qual normalmente nos identificamos, dualista por natureza, é completamente transcendida.

Desse ponto do despertar em diante, vemos as coisas como elas realmente são, e não como nos são apresentadas pela nossa mente conceitual, que divide a percepção em sujeito e objeto. Como discutimos em um capítulo anterior, a palavra buddha significa despertar. Embora muitas vezes a palavra bodhi seja traduzida como iluminação, ela realmente significa despertar. O que estamos tentando fazer é despertar do sonho da ignorância, da nossa ilusão, de não vermos as coisas como elas realmente são. Todas as escolas budistas estão preocupadas em como despertar para sermos livres e, ao mesmo tempo, como podemos abrir o coração para abraçar todos os seres com bondade amorosa e compaixão.

Quando vemos as coisas como elas realmente são, não há ego. O ego está criando o filme que acreditamos ser real e ao qual nos apegamos. Quando percebemos que o filme é apenas um filme, não estamos mais apegados. O que quer que aconteça, se rirmos ou chorarmos, tudo isso é apenas nossa projeção. Em última análise, não é real, e não estamos apegados ao resultado. Desfrutamos do processo, mas não acreditamos nele.

Portanto, Langri Thangpa diz: "Que eu possa reconhecer todos os fenômenos como ilusórios e, livrando-me do apego, me libertar da escravidão". A escravidão é a escravidão do ego. Uma vez que tenhamos ido além do ego e reconhecido a natureza última da mente, então não teremos apego e estaremos livres da prisão do samsara.

25

PRATICAR A GENEROSIDADE

> Se quem deseja a iluminação deve
> renunciar até ao próprio corpo,
> o que dizer de objetos materiais?
> Portanto, dar com generosidade,
> sem esperar resultado ou recompensa,
> é a prática do Bodhisattva.

Os próximos seis versos descrevem a prática das seis perfeições transcendentes, ou paramitas, que são generosidade, disciplina, paciência, diligência, concentração e sabedoria. De acordo com Dilgo Khyentse Rinpoche,

> Cada uma dessas virtudes ou qualidades é definida como verdadeiramente transcendente (*paramita*) quando apresenta as quatro características seguintes: (1) destrói a contraparte negativa, por exemplo, a generosidade destrói a avareza; (2) é reforçada pela sabedoria, ou seja, está livre de todos os conceitos de sujeito, objeto e ação; (3) pode resultar na satisfação das aspirações de todos os seres, e (4) pode levar os outros ao completo amadurecimento de seu potencial.[46]

O caminho de um bodhisattva, conforme descrito nas seis paramitas, começa com a generosidade, porque mesmo que não sejamos muito éticos, mesmo que tenhamos um temperamento ruim, mesmo que sejamos preguiçosos e tenhamos uma mente bastante embotada e quase nunca meditemos, podemos pelo menos ser generosos. A generosidade não requer nenhuma outra qualidade específica. Ela é o começo. E a generosidade é importante porque, quando damos com nossas mãos, se dermos com a motivação certa, nosso coração começa a se abrir.

---

[46] Khyentse, A Essência da Compaixão, 158.

Existe uma história sobre o encontro do Buddha com um homem rico que era um avarento convicto. Ele nunca dava nem mesmo um grão de arroz a ninguém, mesmo sendo muito rico. O Buddha disse: "Muito bem, pegue uma fruta com a mão direita e dê para a mão esquerda. Depois, da mão esquerda de volta para a direita." Isso demonstra a ideia de pegar algo e soltar. Quando pegamos uma fruta com uma mão e a passamos para a outra, há um momento entre soltar a fruta com uma mão e pegá-la com a outra em que a fruta não é nossa. Isso é praticar o soltar e o doar, o que é muito importante.

Estávamos lidando anteriormente com a ideia de que o apego e o agarramento são a fonte de nossos problemas. O antídoto direto para isso é começar a dar e a compartilhar, cultivar o prazer de fazer os outros felizes por meio de presentes — não apenas presentes materiais, mas também o presente do tempo. Quando as pessoas têm problemas, dedicamos nosso tempo a elas, ouvindo-as e talvez tentando ajudá-las. Esse é o presente do servir. Muitos trabalham a vida inteira ajudando os outros ou a serviço do Dharma. Tudo isso é generosidade.

Não é necessário estar sempre pensando: *Isso aqui é meu, tenho que guardá-lo. Se eu mandar embora, o que farei? Ficarei sem nada. Portanto, tenho que guardar tudo para mim.* Esse é um estado mental triste. Já a mente que diz: *Ah, que lindo. Eu realmente adorei, vou dar isso para quem?* é uma mente aberta e alegre e tudo flui lindamente. Geralmente, as pessoas que são generosas também descobrem que as coisas chegam até elas. Nada fica preso; não temos dedos pegajosos. Tudo vem e depois é compartilhado com os outros.

Essa é uma bela maneira de viver. Não apenas nossas mãos estão abertas, mas nosso coração também. Para todos nós, isso responde à questão de como transformar a ideia mundana comum de acumular para o ideal espiritual de doar. Essa é uma das razões pelas quais a generosidade é o início do caminho do bodhisattva, conforme descrito nas paramitas.

Como já foi mencionado, isso é bem compreendido na Ásia, onde a generosidade altruísta das pessoas é extraordinária. As pessoas geralmente doam mais do que podem e com muita alegria. Isso torna tudo mais leve. Essa qualidade de doação, de generosidade do coração, é importante para todos nós, seja qual for o grau em que pudermos incorporá-la à nossa prática. A alegria de dar alegria aos outros é uma coisa linda. Ela realmente faz o coração cantar.

Muitos contos Jataka que recontam as vidas passadas do Buddha relatam como o bodhisattva assumiu muitas formas animais e sacrificou sua própria vida pelo bem dos outros. O grande mérito gerado dessa maneira foi a principal causa para que ele finalmente se tornasse um buddha.

É claro que as pessoas às vezes pensam: "Olhem para mim, estou sendo muito virtuoso!" Certamente, na Ásia, as pessoas podem começar a contabilizar o mérito como se estivessem administrando uma conta bancária de mérito. Além de sua conta bancária monetária, elas também têm uma conta bancária de mérito. Mas quanto mais pensamos no mérito, menos meritório ele é. É importante doar sem expectativa de recompensa. Esqueça o mérito; dê apenas pela alegria de dar. Dê apenas porque você quer fazer os outros felizes ou porque os outros estão precisando. Às vezes, também é bom dar algo só porque realmente gostamos muito e podemos perceber nosso apego. Observe o que acontece dentro de você quando dá algo. Dilgo Khyentse Rinpoche explica isso da seguinte forma:

> Nunca espere ser recompensado por um ato de generosidade, nem tenha esperança de ser bem tratado, feliz ou próspero na próxima vida, como resultado daquele ato. A generosidade é completa em si mesma. Não há necessidade de outra recompensa além de fazer os outros felizes. Quando você dá alguma coisa motivado por interesses pessoais, a alegria que poderia sentir é prejudicada e, com certeza, será seguida de infelicidade. Porém, dar algo motivado por pura devoção, amor ou compaixão traz um sentimento de grande alegria e a sua oferenda criará ainda mais felicidade. A diferença está na motivação subjacente ao ato de dar.[47]

A generosidade é uma qualidade muito bonita. É uma qualidade amorosa, suave e espaçosa, e é algo que todos nós precisamos cultivar. Não apenas a doação de bens materiais, mas também de serviço e do cuidado com os outros. De muitas maneiras, a simples abertura do coração que se deleita em dar e compartilhar já é um componente importante no caminho espiritual e também no caminho mundano. Para sermos felizes, precisamos ter um coração generoso. Não podemos ser genuina-

---

[47] Khyentse, A Essência da Compaixão, 159-160.

mente felizes com um coração fechado, apertado, que não quer compartilhar nada com ninguém.

Encerraremos a discussão deste verso com outra citação dos comentários de Dilgo Khyentse Rinpoche:

> A generosidade é a expressão natural da mente altruísta e sem apego do bodhisattva. Um bodhisattva está claramente consciente do sofrimento que pode ser causado por acúmulo, proteção e aumento da riqueza. Se ele chega a possuir alguma fortuna ou bens, seu primeiro pensamento é o de se desfazer deles, fazendo oferendas às Três Joias e ajudando os famintos e quem não tem comida e abrigo.[48]

---

[48] Khyentse, A Essência da Compaixão, 158-159.

26

PRATICAR A DISCIPLINA

> Se, sem a disciplina, sequer o
> próprio bem é conquistado,
> é risível pensar em beneficiar os outros.
> Portanto, observar a disciplina,
> sem objetivos mundanos, é a
> prática do Bodhisattva.

Se quisermos cultivar um jardim, a primeira coisa que temos de fazer é preparar o solo. Precisamos cavar um espaço, retirar as pedras, arrancar as ervas daninhas e adicionar o fertilizante, garantindo que o solo seja fértil. Depois, precisamos plantar boas sementes.

Da mesma forma, em nossa vida espiritual, quando estamos tentando cultivar generosidade, paciência, meditação e sabedoria, nos dedicando ao estudo para entender e cultivar uma vida genuína no Dharma, precisamos fazer o trabalho de base estudando primeiro as orientações éticas. Sem esses princípios básicos, nossa prática não beneficiará nem a nós mesmos, sendo assim, como poderemos beneficiar os outros?

Os cinco preceitos básicos — não matar, não roubar, não fazer sexo impróprio, não incorrer em discursos falsos e não destruir a mente com drogas e álcool — indicam a maneira de viver neste mundo de forma inofensiva. Eles não têm nada a ver com o que comemos ou vestimos. Não são princípios que eram importantes apenas na Índia há 2.600 anos, mas que não são mais relevantes ou que só são relevantes na Ásia, mas não no Ocidente. São regras eternas de conduta para sustentar nossa vida espiritual e são a disciplina do Dharma. Dilgo Khyentse Rinpoche ensina:

> A disciplina é a fundação de toda a prática do Dharma. Ela provê o solo onde todas as qualidades positivas podem ser cultivadas. Da mesma forma que a terra sustenta todos os oceanos e montanhas, todas as

práticas do Hinayana, Mahayana e Vajrayana são sustentadas pela espinha dorsal da disciplina.[49]

É como uma xícara. Se quisermos verter o elixir do Dharma, temos que ter algo para contê-lo. Temos que ter uma xícara ou um recipiente no qual esse elixir possa ser contido para que não escorra por toda parte. Temos que ter uma xícara ou um recipiente no qual esse elixir possa ser contido para que não se espalhe por toda parte e seja desperdiçado. Esse recipiente é nossa conduta ética básica, a maneira como vivemos neste mundo. Quando mantemos os preceitos básicos, qualquer ser que estiver em nossa presença sabe que não tem nada a temer em relação a nós. Não iremos machucá-los, enganá-los ou explorá-los. Eles estão seguros conosco. Também estamos seguros conosco porque sabemos que, se mantivermos os preceitos, não criaremos karma negativo — prometemos a nós mesmos e aos buddhas viver de forma ética, simples e com propósito benevolente.

Há níveis de conduta ética, tanto leigos quanto monásticos, mas todos eles incluem esses cinco preceitos básicos do modo de vida correto. Não importa nem mesmo a religião que temos ou se não temos religião. O que importa é vivermos de forma inofensiva, não apenas com o corpo e a fala, mas principalmente com a mente.

Pode acontecer que, no início, nossa mente fique descontrolada com raiva ou luxúria e que estejamos internamente envolvidos em todos os tipos de cenários negativos. Mas se externamente parecermos estar tranquilos e comedidos, então devemos trabalhar para acalmar a mente gradualmente. Se nosso comportamento externo for impecável, conseguiremos sentar e meditar com mais facilidade porque não nos sentiremos culpados por nossa conduta externa. Os preceitos sempre nos beneficiam. E certamente beneficiam o mundo. Sem eles, é ridículo dizer que somos praticantes.

Talvez ainda não sejamos bodhisattvas, mas estamos tentando. Essa é a nossa prática. A prática leva à perfeição, como dizem. Se quisermos ser perfeitos, temos que praticar. Um dos pontos mais importantes é começar de onde estamos neste momento. Ficamos felizes em alinhar nossa vida com o que aspiramos alcançar. Se estivermos mirando em

---

[49] Khyentse, A Essência da Compaixão, 161.

uma direção, mas nossa conduta for diferente porque todos os nossos amigos estão saindo e festejando ou porque essa é a norma no tipo de sociedade em que vivemos, nossos esforços serão contraproducentes.

Mas quando somos praticantes, não estamos seguindo os padrões. O Buddha, há 2.600 anos, disse que quem pratica o Dharma é como um peixe nadando rio acima, quando todos os outros peixes estão indo rio abaixo. Isso foi na Índia, em sua época. Imagine o que ele diria agora. Cada um de nós é responsável por nossa própria vida, nossas próprias ações, nossa própria fala e nossa própria mente. Ninguém pode fazer isso por nós. Os cinco preceitos são realmente uma grande ajuda para nós e funcionam como um lembrete da direção que estamos tentando seguir.

Se nos faltar disciplina, não conseguiremos nem mesmo ajudar a nós mesmos, nem mesmo nos beneficiar, porque todas essas ações, como matar, roubar, indulgência sexual e assim por diante, prejudicam tanto a nós quanto aos outros e geram karma negativo, levando a uma vida infeliz e indisciplinada. Não podemos falar em beneficiar os outros seres ao mesmo tempo em que estamos matando, roubando ou mentindo para eles. Portanto, mantemos a disciplina livre de motivos samsáricos. Não fazemos isso apenas para ganhar mérito ou para que todos olhem para nós e digam que somos uma boa pessoa e pensem *Nossa, que disciplinada e que budista exemplar.*

A questão é que, se aspiramos sinceramente a trilhar o caminho, a condição sine qua non é levar uma vida ética — quer as pessoas saibam disso ou não, aprovem ou desaprovem, porque sabemos em nosso coração que isso é correto e está em sintonia com a verdade. Defendemos os preceitos sem fazer alarde. Encerraremos essa discussão sobre disciplina com outra citação do comentário de Dilgo Khyentse Rinpoche:

> Sem disciplina, não há como alcançar a felicidade temporária da liberação do sofrimento ou o êxtase último da iluminação... Guarde a disciplina tão cuidadosamente quanto protege os próprios olhos. Se você consegue manter a disciplina, ela é a fonte da bem-aventurança; se a disciplina é transgredida, transforma-se em fonte de sofrimento.[50]

---

[50] Khyentse, A Essência da Compaixão, 162.

27

PRATICAR A PACIÊNCIA

> Para o bodhisattva que deseja
> as alegrias da virtude,
> todos que lhe fazem mal são
> como um tesouro precioso.
> Portanto, cultivar a paciência
> em relação a todos,
> sem guardar ressentimentos, é
> a prática do Bodhisattva.

Esse é realmente o tema de todo o nosso texto. Não há necessidade de entrar em grandes detalhes aqui porque os versos anteriores abordaram bem o assunto. Resumindo, se realmente desejamos transformar o coração, nós damos as boas-vindas a pessoas e circunstâncias que nos desafiam, criam problemas para nós e normalmente despertam ressentimento, raiva, humilhação e estados mentais negativos. Normalmente, quando nos deparamos com situações e pessoas que criam esses sentimentos negativos em nós, nós as vemos como obstáculos, mas neste caminho, nós as acolhemos com paciência porque elas nos dão uma chance de praticar. Como Dilgo Khyentse Rinpoche ressalta:

> É essencial praticar a *paramita* da paciência para que você nunca seja dominado pela raiva, pelo ódio ou pelo desespero. Uma vez que tenha entrado no caminho dos bodhisattvas, seja qual for a situação, você deve abrigar todos os seres em seu coração repleto de bondade, sabendo que eles foram seus pais em vidas passadas. Sendo assim, quando as pessoas se voltarem contra você e lhe fizerem mal, você deve amá-las ainda mais, dedicando-lhes todo o seu mérito e tomando para si todo o sofrimento delas.[51]

---

[51] Khyentse, A Essência da Compaixão, 165.

Não se trata de sairmos à procura de pessoas desagradáveis ou de problemas e dificuldades. Basta ficarmos onde estamos e eles virão. Mas, quando vierem, estaremos usando a armadura de um bodhisattva para não sermos feridos. Nesse caso, nós os saudamos como oportunidades para verificarmos até onde chegamos em nossa jornada de bodhisattva.

Pessoalmente, minha principal área de atuação seria o FRO — Foreign Registration Office (Departamento de Registro de Estrangeiros) — na Índia. Portanto, estava pronta. Estou blindada. Antes de entrar, pensava: *Certo, essa será a minha prática de lojong do dia*. E, geralmente, os policiais eram muito educados e prestativos. Pobres rapazes. Que vida eles levam, dia após dia, enfrentando estrangeiros desesperados e ansiosos por extensões de visto. Mas o fato é que, independentemente do que aconteça conosco, a maneira como reagimos é uma indicação do quanto realmente compreendemos. Se ficarmos chateados e com raiva, o importante é não ficarmos chateados e com raiva de nós mesmos por estarmos chateados e com raiva. Apenas nos lembramos, *Ok, agora posso ver que tenho que trabalhar um pouco mais. Estou muito grata porque agora entendo. Sim, essa situação iluminou a área que precisa ser trabalhada*. Não se trata apenas de ser uma pessoa devota. Como vamos cultivar a paciência, a tolerância e a resignação se não tivermos pessoas e situações com as quais praticar? A tolerância é uma qualidade essencial para o estado de Buddha.

Certa vez, eu estava no FRO e havia um monge ocidental na minha frente. O policial estava dizendo: "Seu formulário está preenchido errado. O senhor não incluiu isso aqui".

O monge respondeu: "Ok, bem, então eu vou só alterar".

"Não, não!", exclamou o funcionário, rasgando as páginas e atirando-as contra o monge. "Faça tudo de novo." Eram várias páginas do tal formulário...

Então, o monge disse: "Muito bem, muito obrigado. Por favor, me dê outro conjunto de formulários". O policial lhe deu outro conjunto de formulários. Quando o monge se virou, ele me viu, sorriu e deu uma piscadela.

Muito bem! Muito bem! Então, é possível.

PRATICAR A DILIGÊNCIA

> Meramente em benefício próprio, até
> os shravakas e pratyekabuddhas
> esforçam-se como alguém que tenta
> extinguir o fogo do cabelo em chamas:
> assim, cultivar a diligência, a fonte
> de excelentes qualidades,
> para o benefício de todos os seres,
> é a prática do Bodhisattva.

Shravakas são aqueles que estão se empenhando para alcançar a liberação, o Nirvana. Pratyekabuddhas são aqueles que atingem o estado de Buddha por seus próprios meios e sem compartilhar o que entenderam com os outros. Ambos são exemplos de pessoas que estão se esforçando basicamente para seu próprio benefício, sem pensar particularmente em termos de beneficiar todos os seres. Portanto, são aqueles que estão se esforçando para obter a liberação espiritual sem despertar bodhichitta. Mesmo para alcançar essa liberação apenas para si próprios, eles fazem um tremendo esforço para extinguir o desejo, como alguém cujo "cabelo está pegando fogo".

O Buddha usou essa analogia para representar a urgência. Imagine como correríamos imediatamente para uma fonte de água para molhar nosso cabelo que está em chamas. Não nos importaríamos com as frutas deliciosas que estivessem no caminho, com as pessoas bonitas que estivessem por perto, com os programas fascinantes que estivessem passando na televisão. Nosso único objetivo seria apagar o fogo em nossa cabeça. Não nos importaríamos com mais nada. Nada mais tem maior importância do que apagar o fogo. Praticamos com esse único foco, e nada mais importa.

Se os shravakas têm esse tipo de motivação, mesmo que seja apenas por uma pessoa, muito mais motivados devem estar aqueles de nós que fizeram o voto de bodhisattva, que despertaram a bodhichitta, a aspiração à iluminação para beneficiar e resgatar todos os outros seres! Essa é uma visão incrivelmente vasta e claramente exige que façamos um esforço ainda maior. Não há dúvida de que é intimidador.

Em nossa tradição, a Drukpa Kagyu, há um orgulho de todos os nossos iogues loucos, e um deles se chamava Drukpa Kunley. Certa vez, Drukpa Kunley foi a Lhasa para visitar o Jokhang, que é o templo central de Lhasa. Ele se deparou com a estátua de Jowo Rinpoche, que é a imagem mais venerada do Buddha Shakyamuni no Tibete. O Jowo Rinpoche foi presenteado a Songtsen Gampo, um dos primeiros reis do Dharma no Tibete, por uma de suas rainhas como parte de um dote de casamento. Drukpa Kunley fez oferendas e se curvou diante do Jowo Rinpoche. Então ele disse: "OK, você e eu começamos ao mesmo tempo. Você se tornou um Buddha. Eu ainda estou preso aqui no samsara. O que deu errado? Qual é a diferença entre nós?" Então ele respondeu a si mesmo: "A diferença é que você se esforçou e eu fui preguiçoso". Quando as pessoas perguntam: "Qual é o principal obstáculo no caminho?" Eu geralmente respondo: "A preguiça".

A preguiça se apresenta de várias formas. Há a preguiça grosseira, por exemplo, quando não queremos nos levantar de manhã para meditar, ou preferimos assistir a um filme a ir a uma palestra sobre o Dharma. Essas são óbvias. Depois, há a preguiça de nos minarmos, dizendo a nós mesmos que outras pessoas conseguem praticar, mas nós não. Dizemos a nós mesmos: *Tentei meditar, mas minha mente estava tão descontrolada — obviamente, não fui feita para meditar. Tento estudar, mas é tão difícil, fico tão cansada. Outras pessoas são gentis e altruístas, mas eu não, sempre tive dificuldade em pensar em alguém além de mim mesma, então, claramente, não consigo fazer essas coisas de bodhisattva.*

Nós nos minamos e nos depreciamos constantemente. Diminuímos nossa confiança em nosso próprio potencial. Mas isso também é uma desculpa para não nos esforçarmos. Se dissermos a nós mesmos que não somos capazes, então nos sentiremos bem por não tentarmos. Embora pareça humildade, ou apenas falta de confiança, na verdade é uma forma sutil de preguiça.

Shantideva disse que há uma diferença entre orgulho ou arrogância, que é uma contaminação mental, e autoconfiança. Sem autoconfiança, nunca seremos capazes de seguir o caminho. É importante ouvir o que estamos dizendo a nós mesmos. Estamos constantemente falando conosco. Aqueles que já tentaram meditar sabem disso. Assim que tentamos aquietar a mente, tomamos consciência de um diálogo interno interminável que se desenrola dentro de nós. O que esse diálogo está nos dizendo? O que estamos dizendo a nós mesmos repetidamente? Será que estamos nos encorajando, nos inspirando, pensando: *Bem, sim, eu tenho esse problema e tenho essas falhas, mas não importa. É para isso que serve o Dharma. O Dharma serve para nos ajudar a superar e a transformar nossas falhas. Sabemos que temos problemas. Todo mundo tem problemas. Se fôssemos perfeitos, não precisaríamos do Dharma.*

Ou será que nossa mente está nos dizendo que sempre fomos burros; que sempre fracassamos em tudo o que tentamos; que basicamente não somos capazes de nada; que, se tentarmos praticar o Dharma, não teremos sucesso, então por que nos darmos ao trabalho de tentar? A mente de muitas pessoas é seu pior inimigo. Dizer incessantemente a nós mesmos que não temos chance não é humildade.

A palavra sânscrita para bodhisattva, que significa "um ser iluminado" ou "um ser espiritual", foi traduzida para o tibetano como *changchub sempah*. A palavra para *bodhi* em tibetano é *changchub*, mas a tradução de *sempah* é interessante. *Sems* significa "mente-coração". Mas *sattva*, que significa "um ser", foi traduzido como *pawo*, que é um herói ou um guerreiro. *Bodhisattva* foi traduzido em tibetano para significar "um guerreiro iluminado" ou "um herói espiritual". Há algo de heroico nessa palavra em tibetano.

Temos de ser heroicos. Temos de ser valentes. Temos de ser corajosos. Estamos fazendo o voto de alcançar a iluminação para beneficiar todos os seres. Não podemos nos sentar aqui e dizer: "Ah, eu não sei. Não consigo meditar. É muito difícil." Temos que acreditar em nós mesmos. É claro que o budismo trata de nos livrarmos do eu, mas, enquanto isso, enquanto ainda imaginamos que temos um eu, precisamos cultivar um senso heroico de nosso potencial. Como sugeri, temos de usar o ego a serviço de finalmente transcendê-lo. Um ego fraco e triste, que está sempre dizendo a si mesmo como a vida é difícil e como ele nunca conseguirá realizar nada, é apenas outra forma de orgulho invertido.

Ninguém é um caso perdido porque todos nós temos potencial de Buddha. A natureza da mente é completamente perfeita. Pode estar um pouco obscurecida, mas quando temos bons impulsos, sabemos que nossa verdadeira natureza está aflorando. Os impulsos negativos que temos não vêm de nossa verdadeira natureza inata. Só temos de descobrir quem realmente somos. Não podemos dizer a nós mesmos que não somos capazes e usar isso como desculpa para não tentar. Qualquer pessoa é capaz de fazer isso se tiver se esforçado o suficiente e continuar tentando.

É o mesmo com qualquer outra habilidade. Talvez não venhamos a nos tornar um Rubenstein, mas podemos aprender a tocar piano. Se continuarmos praticando, não importa quantas vezes tenhamos de repetir as escalas, tocando as notas erradas, por fim a música começará a surgir. Mas se desistirmos após a segunda aula, o que acontecerá? Dizemos a nós mesmos que não temos musicalidade quando, na verdade, não fomos diligentes, fomos preguiçosos.

É certo que a analogia de ter o cabelo pegando fogo pode parecer um tanto extrema. No entanto, como este texto tem dito, devemos tomar nossa vida e tudo o que acontece conosco e transformar em nossa prática. Isso significa que não devemos pensar que nossa prática é apenas sentar em nossa almofada ou ir a um curso de Dharma ou ler um livro de Dharma, e que o resto do tempo é apenas uma atividade mundana em que nossa mente pode perambular em todas as direções. Na verdade, tudo o que fazemos, se fizermos com atenção plena e lucidez, pode ser transformado em uma prática.

O terceiro tipo de preguiça é se envolver em muitas atividades, mesmo as virtuosas, como forma de evitar a prática mais focada. Aqueles que dirigem centros de Dharma ou projetos sociais devem estar conscientes da possibilidade de ficarem tão ocupados em fazer o que parecem ser atividades virtuosas que se esquecem do que realmente estão tentando fazer, que é cultivar e transformar a mente-coração. Mesmo que estejamos trabalhando em um centro de Dharma com muita dedicação, ainda assim precisamos fazer disso a nossa prática. Caso contrário, todo o nosso trabalho árduo é apenas outra forma de fuga. É evitar o que é realmente importante, que é cultivar, domar, treinar e transcender nossa mente conceitual.

Sem esforço, não conseguimos nada. Todos nós sabemos disso. Essa é uma qualidade importante. Se não fizermos nenhum esforço, nunca chegaremos a lugar algum. Se quisermos ir daqui até o refeitório, temos de nos levantar e caminhar. Se ficarmos sentados aqui pensando: *Oh, comida, venha, venha! Oh, comida, comida maravilhosa, por favor, venha até mim!* e não fizermos nenhum esforço para ir até a comida, o que acontecerá? Morreremos de fome.

Todo este texto trata de como transformar habilmente nossas vidas em uma prática contínua do Dharma, de modo que nada seja desperdiçado, tudo seja aproveitado no caminho. Tudo o que estivermos fazendo pode ser uma expressão de nossa prática interna. É por isso que esses tipos de textos são tão importantes. Eles contêm instruções preciosas que podemos levar conosco e usar para transformar os eventos e encontros cotidianos em prática do Dharma, nosso caminho rumo ao estado de Buddha. Olhando de fora, parecem simples, mas seu significado é profundo.

Mais uma vez, daremos a Dilgo Khyentse Rinpoche a última palavra:

> A diligência é vital para despertar e desenvolver todas as *paramitas*. Ela é o entusiasmo e a determinação ativa de realizar ações positivas, sem qualquer expectativa ou autossatisfação.[52]

---

[52] Khyentse, A Essência da Compaixão, 167.

PRATICAR A CONCENTRAÇÃO

> Sabendo que as emoções aflitivas
> ão completamente conquistadas
> pelo insight profundo firmemente
> assentado no calmo permanecer,
> cultivar a concentração que
> transcende totalmente
> os quatro estados da ausência de
> forma é a prática do Bodhisattva.

Sabe-se bem que a fórmula básica da meditação budista tem duas partes: shamata e vipashyana. Dilgo Khyentse Rinpoche descreve o seguinte em seu comentário:

> Examine o corpo, a fala e a mente e descobrirá que a mente é a mais importante dos três. Se ela for completamente treinada pelo *calmo permanecer* e pelo *insight profundo* (*shamata* e *vipashyana*), o corpo e a fala naturalmente seguirão a mente ao longo do caminho até a liberação.[53]

A primeira das duas é shamatha, ou "calmo permanecer", que é a prática de manter a mente calma e relaxada, mas totalmente atenta. Toda a turbulência interna começa a diminuir e desacelerar. Ao mesmo tempo, aprimoramos e aguçamos nossa concentração para que se torne unifocada. Nosso objetivo aqui é ter a atenção tão focada que, onde quer que queiramos colocá-la, lá ela repousará.

Não podemos realmente compreender a mente até que a tagarelice superficial tenha se acalmado. Normalmente, quando começamos a meditar, há muitos problemas, mas um óbvio é que a mente está ocupada e não quer se concentrar no lugar onde a posicionamos. Queremos pres-

---

[53] Khyentse, A Essência da Compaixão, 171.

tar atenção na respiração, mas pensamos em tudo, menos na respiração. Voltamos a prestar atenção à respiração e, alguns segundos depois, temos de trazê-la de volta. No começo, essa é a situação quando tentamos praticar. Só precisamos de paciência e perseverança. À medida que a mente se acalma e se centra, ela se torna mais maleável e funcional.

Por isso, o Buddha sempre recomendou que começássemos com a prática de shamata antes de qualquer outra coisa. Como mencionado anteriormente, na prática avançada de shamata, há níveis chamados dhyanas, ou absorções mentais. Há as quatro absorções da forma e as quatro absorções da não-forma, que Thogme Sangpo menciona nesse verso. Sidarta praticou todas elas antes de se tornar um Buddha e depois explicou que esses estados mentais rarefeitos e "sem forma" — como a realização da vastidão do espaço e a vastidão da consciência — não são, por si sós, libertação, porque esses estados são impermanentes e ainda estão dentro do ciclo de nascimento, morte e renascimento.

Portanto, na tradição tibetana, esses estados rarefeitos não são enfatizados, embora seja útil atingir o primeiro dhyana, pois, assim, a mente se torna unificada e capaz de permanecer estável. O primeiro dhyana é um estado meditativo de foco e discernimento, juntamente com o surgimento da alegria. Nesse estado, nossa concentração está agora domada, flexível, funcional e maleável, de modo que a mente pode cooperar com o que quer que queiramos fazer.

Outro exemplo é que, quando tentamos nos concentrar usando nossa mente comum, é como derramar água em papel encerado. Ela simplesmente escorre. Mas quando a mente se acalma, é como derramar água em um papel absorvente. Ela é absorvida imediatamente. Então, qualquer que seja a prática a que nos dedicamos, nós nos integramos a ela imediatamente e os resultados aparecem rapidamente.

Depois de termos domado a mente por meio da prática de shamatha, ela se torna calma, quieta e clara. Nós permanecemos completamente concentrados e em harmonia com o que estamos fazendo. Agora podemos usar essa atenção clara e concentrada para investigar e obter insights sobre a própria mente. Algumas pessoas não gostam de fazer isso porque com shamatha, depois de algum tempo, há poucos ou nenhum pensamento. É calmo e a mente parece espaçosa e clara. Sentimos que poderíamos ficar sentados ali, absortos e felizes, para sempre. Quando dizem a essas pessoas que agora elas precisam começar a pensar e a investigar, elas temem que isso seja um retrocesso. Mas, na verdade, não é. Isso é chamado de vipashyana, ou insight claro.

Limpamos e afiamos a mente como se fosse um bisturi, e agora ela está afiada como uma navalha. Agora temos que começar a dissecar olhando diretamente para a mente. O que é um pensamento? De onde vêm os pensamentos? Para onde eles vão? Quem está pensando? Começamos a nos fazer todas essas perguntas internamente com um grande ponto de interrogação. Nós olhamos. Se não houver pensamentos, trazemos alguns pensamentos à tona para examiná-los. Depois, os questionamos até a morte. É um interrogatório: De onde você vem? Como você realmente é? Para onde está indo? Onde você mora normalmente? Ok, qual é o seu nome? Não me diga isso! Vamos lá, tente novamente...

Nós examinamos e reexaminamos. Depois, examinamos quem está olhando. Dessa forma, começamos a entender como vivemos: qualquer estímulo que aparentemente recebemos de fora e qualquer coisa em que estejamos pensando internamente é só pensamento. Tudo se baseia em pensamentos: nossas crenças, nossas memórias, nossa identidade, nossos julgamentos, tudo. Isso é importante porque as pessoas entram em guerra e matam outras e a si mesmas por causa do que pensam e acreditam. Tudo se baseia em pensamentos. O que é pensamento? Nós nunca examinamos. Estamos tão ocupados olhando para fora que nos esquecemos de olhar para dentro e ver quem está pensando. Por meio desse método, podemos finalmente transcender toda essa dualidade para retornarmos à natureza da própria mente.

A natureza da própria mente transcende o pensamento e, ao mesmo tempo, inclui e permeia todas as nossas atividades mentais. Assim, ela é comparada ao espaço, que está lá fora e também aqui dentro e em toda parte — onde não há espaço? A natureza da mente, nosso estado desperto puro, é vibrante. Não é algo estático porque é o aspecto de cognoscência da nossa mente. Aconteça o que acontecer, essa qualidade de cognoscência, esse estado desperto essencial, está lá. Se não estivesse lá, seríamos cadáveres. Mas, normalmente, nossa consciência primordial está tão encoberta por todas as nuvens de pensamentos e emoções, que não conseguimos experienciar a consciência em si. Em outras palavras, não estamos conscientes de estarmos conscientes porque estamos muito ocupados pensando. Quando reconhecemos nossa verdadeira natureza, tudo se torna óbvio.

É difícil manter essa realização. É como acordar por um instante de um sonho — Aha, era só um sonho — e depois adormecer novamente. Mas, na próxima vez, temos uma espécie de pressentimento de que isso agora é apenas um sonho. Ainda temos essa lembrança, mesmo que não seja muito clara, de que havia outro nível de consciência chamado "desperto". É por isso que no budismo tibetano há uma ênfase no yoga dos sonhos e no sonho lúcido para nos ajudar a reconhecer os sonhos enquanto ainda estamos dormindo.

Basicamente, toda a nossa vida é apenas um sonho do qual estamos tentando acordar. Ficar satisfeito apenas com a tranquilidade e com os dhyanas, ou mesmo ficar satisfeito apenas com a investigação da mente conceitual, não é suficiente para nos libertar. Precisamos reconhecer nossa consciência primordial e, dessa forma, aprender a permanecer nesse estado de presença não dual continuamente, dia e noite, acordados ou dormindo. Esse é o caminho.

A natureza da consciência primordial é a vacuidade e a cognoscência lúcida. Nós temos percepções porque estamos conscientes. Mas o que é essa consciência? O que é isso? É isso que temos que descobrir.

30

PRATICAR A SABEDORIA

> Sem a sabedoria, não é possível
> alcançar a iluminação perfeita
> apenas com as outras cinco perfeições.
> Portanto, cultivar a sabedoria
> associada aos meios hábeis e livre dos três
> conceitos é a prática do Bodhisattva.

A sabedoria budista é um assunto muito extenso, mas o cerne do que queremos dizer com a palavra sabedoria é uma compreensão experiencial da natureza vazia de todas as coisas. O principal aspecto que examinamos aqui é descobrir por que Thogme Sangpo está sugerindo que, sem sabedoria, a iluminação não pode ser alcançada pelas outras cinco paramitas.

No contexto das cinco paramitas, meramente desenvolver generosidade, moralidade, paciência, diligência e meditação, com base no conceito de que eu é que estou fazendo isso e, portanto, sem compreender a vacuidade e a ausência do eu, não resultará em iluminação. O resultado será a acumulação de muitos méritos, mas, por si só, isso não nos levará à iluminação.

Portanto, é especificado que, para atingir a iluminação, precisamos cultivar a sabedoria juntamente com os meios hábeis, ou as cinco paramitas. E todas elas precisam estar livres do que chamamos de "três conceitos". Para explicar os três conceitos, aqui está um exemplo: Dou um pacote de chocolates a uma amiga porque ela gosta e quero que ela seja feliz, ou talvez porque eu mesma seja especialmente apegada a chocolates e esteja trabalhando meu senso de renúncia. Seja qual for o motivo, eu dou os chocolates a ela com boa motivação. Esse ato de generosidade gerará mérito, ou carma positivo, e o que eu farei com esse mérito depende de mim. Mas essa ação está presa a três conceitos falsos: (1) há um sujeito (a pessoa que está dando), (2) há um ato sendo realizado (dar) e (3) há alguém que recebe (o amigo). Há também a crença adicional de que tudo isso existe de fato, assim como eu penso que existe. Especificamente, a ideia de sujeito, ação e objeto e a crença em sua existência absoluta, conforme a concebemos com nossa mente conceitual, nos envolvem e nos aprisionam. Portanto, essa ação em si ainda nos prenderá ao samsara. Dilgo Khyentse Rinpoche aponta isso quando diz o seguinte:

> A experiência e o entendimento completo da vacuidade são o único antídoto para a crença em um "eu", em um "eu" verdadeiramente existente. Uma vez que você tenha reconhecido a vacuidade, todo o apego ao "eu" desaparecerá, sem deixar resquício. A realização brilhará como um sol radiante que se eleva no céu, transformando a escuridão em luz.[54]

As ações de generosidade, paciência, diligência, disciplina e concentração em si são positivas, mas para se tornarem um meio real de se abrir para a realidade última elas precisam estar associadas à sabedoria. Caso contrário, a delusão subjacente não nos libertará. Ela não nos liberta porque continua sendo uma ação centrada no ego: eu sou uma pessoa virtuosa, generosa, paciente. Sempre há um "eu" ali e, portanto, essas ações meritórias, por si sós, não são capazes de nos libertar; elas precisam estar associadas à visão correta. Isso significa compreender desde o início que, em última análise, não há ninguém para dar, nada para ser dado e ninguém para receber.

Por meio dessa realização genuína da vacuidade e da natureza da mente, executaremos espontaneamente todas essas ações sem que elas estejam ligadas à ideia de um "eu" individual, imutável e sólido no centro de tudo. Experimentaremos uma espaciosidade aberta, em vez de ficarmos presos em nosso pensamento conceitual rígido e habitual. Essa é a liberação da mente e o motivo pelo qual a sabedoria é a joia da coroa do budismo. Sem a sabedoria livre dos três conceitos de apego ao sujeito ou ao eu, ao objeto ou ao outro e à ação, as cinco paramitas, por si sós, não nos levarão à iluminação. Também se poderia dizer que as outras paramitas são as pernas e a sabedoria são os olhos. Se estivermos tentando alcançar o objetivo, ou temos as pernas para caminhar, mas não conseguimos ver para onde estamos indo, ou temos olhos, mas não temos pernas, portanto, não iremos muito longe. Precisamos de ambos, olhos e pernas, para percorrer o caminho da iluminação.

---

[54] Khyentse, A Essência da Compaixão, 179.

31

EXAMINAR A SI MESMO

> Se não examinar meus defeitos,
> embora eu pareça um praticante,
> poderei agir em oposição ao Dharma.
> Portanto, examinar continuamente
> as próprias falhas
> e eliminá-las é a prática do Bodhisattva.

Precisamos olhar para as nossas próprias ações e para a nossa própria mente. Quando há falhas, quando há problemas, quando há dificuldades, precisamos reconhecê-las. Isso não significa que devemos ser duros conosco. Não significa que devemos nos considerar más pessoas. Em vez disso, significa que precisamos trabalhar para resolver esses problemas, que precisamos levar nossas perninhas esqueléticas para a academia e começar a correr na esteira!

A questão é que precisamos enxergar o problema para podermos começar a remediá-lo. É como se precisássemos perceber que estamos doentes antes de fazermos o tratamento. Não se trata de nos sentirmos culpados ou nos punirmos por estarmos com alguma doença. Quando reconhecemos que há algum problema, procuramos descobrir como recuperar nossa saúde espiritual. Nossa verdadeira natureza é a saúde, nossa verdadeira natureza é Buddha, mas nossos pensamentos e nossas impurezas emocionais obscurecem essa verdade. Temos que curar e remover esses obscurecimentos, mas não no sentido de pegar o chicote e nos flagelar. Reconhecemos que há problemas, mas, como diz o texto, podemos lidar com esses problemas porque sempre há um caminho mais hábil. Esse é o trabalho, esse é o caminho. Não há motivo para ficar deprimido. De fato, é algo que nos dá energia. Esse é o nosso problema, portanto, vamos começar a trabalhar nele agora.

Caso contrário, podemos continuar fingindo, enganando a nós mesmos. Às vezes, esse é um problema com as pessoas que praticam o Dharma. Lemos todos os textos sobre como os bodhisattvas perfeitos agem:

eles nunca ficam chateados, nunca ficam com raiva e, quando as pessoas os enganam e abusam deles, eles dizem "Ah, muito obrigada, meu amigo espiritual". As pessoas leem todos esses textos e pensam *É assim que um bodhisattva deve agir, então vou ser um bodhisattva e agir exatamente assim*. E, então, fingimos. Representamos o papel de uma pessoa que nunca se aborrece, nunca fica deprimida ou com raiva, porque os bodhisattvas jamais fariam essas coisas. Fazemos de conta para nós mesmos e especialmente para os outros que não há problema algum e que somos praticantes sinceros do Dharma — ao mesmo tempo em que suprimimos e ignoramos todos esses problemas que estão crescendo na escuridão. Muitas coisas estão crescendo na escuridão. Precisamos nos abrir e expô-las à luz. Dessa forma, elas começam a murchar e podemos ver o que está acontecendo lá dentro.

Não é virtuoso fingir ser o que não somos. Embora seja hábil aspirar a superar nossos problemas, não é sábio fingir que não há problemas a serem superados. Isso é particularmente verdadeiro nos centros de Dharma, onde todos estão se esforçando muito para serem perfeitos. Nenhum de nós é perfeito. É claro que tentamos fazer o melhor que podemos, mas, ainda assim, temos que reconhecer para nós mesmos quando surgem problemas. Se alguém nos aborrece, precisamos admitir que essa pessoa nos aborreceu. Em seguida, podemos pensar em como lidar com a contrariedade de uma forma condizente com o Dharma, tentando agir assim. Mas fingir que não estamos chateados porque bodhisattvas nunca ficam chateados é apenas negação. É um comportamento psicologicamente pouco saudável porque se não conseguimos reconhecer a sombra, ela continuará crescendo.

Portanto, se quisermos nos aproximar de nossa verdadeira natureza, precisamos reconhecer nossas falhas e trabalhar para abandoná-las ou transformá-las. Perguntamos a nós mesmos *Qual é a melhor maneira de lidar com esse problema que tenho agora?* Pesquisamos nos textos, perguntamos aos professores, pensamos sobre o assunto e, finalmente, decidimos o que funciona para nós. Em seguida, colocamos em prática.

Mais uma vez, vamos consultar o comentário de Dilgo Khyentse Rinpoche sobre o assunto:

> Habitualmente, tudo que você faz, diz ou pensa é uma expressão da sua crença na existência verdadeira de si mesmo como indivíduo e dos fenômenos como um todo. Enquanto estiverem baseadas nessa falsa

premissa, as ações serão necessariamente deludidas e permeadas por emoções negativas. Ao seguir um professor, no entanto, você pode aprender a agir de acordo com o Dharma com o corpo, a fala e a mente.

Intelectualmente, é provável que você consiga diferenciar o certo do errado e a verdade da delusão, mas, se esse conhecimento não for colocado em prática o tempo todo, não haverá liberação. Você precisa controlar a sua mente selvagem: ninguém pode fazê-lo por você. Ninguém, além de você mesmo, pode saber se você caiu na delusão ou não. A única maneira de fazer isso é continuar olhando a própria mente, como se estivesse na frente de um espelho. O espelho nos permite ver se estamos com o rosto sujo e onde está a sujeira. Do mesmo modo, estar constantemente presente em cada situação, olhando para a mente, permite que você veja se os pensamentos, as palavras e as ações estão, ou não, de acordo com o Dharma.[55]

---

[55] Khyentse, A Essência da Compaixão, 182.

32

DEIXAR DE CRITICAR OS OUTROS

> Se eu falar sobre os defeitos
> de outros bodhisattvas
> movido por emoções negativas,
> eu mesmo degenerarei.
> Portanto, não falar sobre os defeitos dos
> que entraram no caminho Mahayana
> é a prática do Bodhisattva.

De modo geral, fazer fofocas sobre os outros e falar mal das pessoas é definitivamente uma ação não virtuosa. Isso cria desarmonia e, muitas vezes, falar sobre os defeitos dos outros é uma forma de evitar as próprias falhas. Devemos sempre ouvir atentamente o que estamos dizendo — realmente nos ouvir falar. Não devemos dizer nada sobre outra pessoa que não ficaríamos felizes em dizer em sua presença, quer ela esteja no caminho Mahayana ou não. Gampopa, o principal aluno de Milarepa, explica no início de seu importante texto *O Ornamento da Preciosa Liberação* que, pelo fato de todos os seres terem natureza búdica, é inadequado depreciar qualquer um deles. Em vez disso, todos devemos respeitar uns aos outros.

Dito isso, quando sabemos de alguém que está abusando de sua posição, que está agindo de forma antiética e inaceitável, nesse caso, como Sua Santidade o Dalai Lama recomenda, devemos nos manifestar, pelo menos para proteger os outros. Não precisamos fazer disso uma grande questão, mas devemos nos manifestar para o bem deles e de todos os outros. Caso contrário, se ficarmos em silêncio ou, pior ainda, se varrermos tudo para debaixo do tapete, colocarmos o tapete de volta no chão e acharmos que a sala está limpa quando não está, estaremos prestando um desserviço à pessoa que está abusando de sua posição.

Se não nos manifestarmos, é possível que eles continuem com sua conduta desonesta, o que é eticamente prejudicial e gera karma negativo. Permanecer em silêncio ou encobrir o que está acontecendo também é um desserviço para qualquer outra pessoa que esteja submetida à influência deles ou que esteja sendo prejudicada por eles. Isso pode criar uma atmosfera de falsidade e danos, em que todos têm medo de falar honestamente. Portanto, às vezes temos de nos manifestar com compaixão tanto pelas vítimas quanto pelo agressor, mantendo a integridade do precioso caminho. Mas certifique-se dos fatos antes de fazer isso.

33

NÃO LUCRAR COM O DHARMA

> Oferendas e respeito podem trazer
> discórdia, levando a escuta, a reflexão
> e a meditação ao declínio.
> Portanto, evitar o apego ao lar
> dos amigos e benfeitores
> é a prática do Bodhisattva.

Isso se aplica especialmente a lamas, monges seniores e pessoas importantes que têm um grande círculo de admiradores que desejam demonstrar seu respeito e fazer muitas oferendas. Se estivermos nessa posição e passarmos nosso tempo sendo convidados para eventos e fazendo muito alarde sobre nós, isso pode promover nosso senso de arrogância e amor ao conforto. Obviamente, isso deve ser evitado. Fazer oferendas e demonstrar respeito são atos positivos por parte de quem oferece. Devemos sempre honrar e respeitar os lamas e professores. Mas se a pessoa que recebe a oferenda começar a esperar esse tipo de atenção e gostar de ser o centro da adoração de todos, ela estará em apuros.

É claro que Thogme Sangpo era um lama importante em sua época, portanto, aqui, ele está alertando seus colegas lamas para que tomem cuidado, pois alguns lamas passam o tempo todo realizando pujas domésticos e recolhendo as oferendas. Assim, eles ficam tão ocupados que se esquecem do que realmente deveriam fazer, que é estudar, contemplar e meditar. Isso é especialmente verdadeiro se forem recém-chegados ao caminho, pois é, nesse momento, que devem dedicar seu tempo ao estudo e à prática. Se forem atraídos para o circuito habitual dos lamas, a prática deles pode diminuir e eles podem começar a exigir o respeito e a adoração das pessoas, o que é ainda pior.

Esse é realmente um grande perigo, especialmente nos dias de hoje, em que há muitos jovens lamas encarnados –- os renascimentos de grandes lamas que já estabeleceram muitos centros de Dharma em todo o mundo no passado. Essas encarnações de grandes lamas são reconhecidas em um curto espaço de tempo e, se não tiverem cuidado, são enviadas para o mundo inteiro porque os centros de Dharma precisam ganhar dinheiro e manter os alunos motivados e interessados. Esses jovens adolescentes acabam sendo enviados e, é claro, todos os adoram porque parecem jovens e bonitos. Eles geralmente são bonitos, mas não cultivaram muita coisa nesta vida. Aqueles antigos grandes lamas do Tibete não só estudaram desde os seis anos de idade, como também passaram vinte a trinta anos em retiro durante a vida antes de começarem a ensinar.

Hoje em dia, todo mundo tem muita pressa e os centros de Dharma não estão bem estabelecidos da mesma forma que os monastérios no Tibete, quando não precisavam realmente da presença física do lama. Às vezes, o lama principal só saía do retiro uma ou duas vezes por ano para rituais importantes ou para dar bênçãos. Atualmente, porém, esses monastérios no exílio dependem de financiamento externo porque não possuem grandes quantidades de terras e vilarejos como costumavam ter. Como resultado, eles enviam esses jovens lamas encarnados para o mundo todo antes de estarem prontos, quando ainda não estão totalmente cozidos; na verdade, estão apenas meio cozidos. Isso também é difícil para eles, pois sabem que não estão prontos. Eles não terminaram todos os seus estudos e não praticaram muito. Alguns deles nem mesmo fizeram o *ngöndro*[56] e, ainda assim, lá estão eles, em um trono bem alto, como se fossem o próprio Buddha. Isso é muito perigoso não apenas para os alunos, mas também para os lamas, porque eles têm uma enorme responsabilidade e ainda nem terminaram seu próprio treinamento.

Embora tenha sido escrito há seiscentos anos, esse verso é, na verdade, ainda mais relevante nos dias de hoje, quando temos toda essa nova leva de lamas "reciclados" surgindo nessa nova edição fashion. Muitos deles são brilhantes, mas como não foram treinados adequadamente e não praticaram o suficiente, toda a adulação sem questionamentos que recebem pode lhes subir à cabeça. Há uma noção que circula de que tudo o que um lama diz deve ser verdade, mesmo que seja um absurdo. Essa é a antítese do Dharma, que enfatiza muito o intelecto crítico e a análise. É perigoso cair nesse tipo de crença e comportamento, não só para os alunos, mas também para o suposto lama.

---

[56] Ngöndro é um conjunto de práticas preliminares, que geralmente consistem em cem mil repetições de tomar refúgio, aspiração de bodhicitta, oferenda de mandala, práticas de Vajrasattva e de guru yoga.

34

ABANDONAR A FALA RUDE

> Palavras rudes perturbam a mente dos outros
> e corrompem a prática do Bodhisattva.
> Portanto, abandonar a fala rude,
> que os outros consideram desagradável,
> é a prática do Bodhisattva.

Bem, esse verso é bastante óbvio. Gostamos que as pessoas digam palavras gentis para nós. Não gostamos que elas nos digam palavras ofensivas, maldosas e duras. Como nós não gostamos disso e as outras pessoas também não gostam, simplesmente não o fazemos.

Os seres humanos são os únicos seres no planeta que se comunicam por meio da linguagem verbal, o que nos une, mas também nos divide. É claro que outros animais se comunicam, mas eles não conversam por meio da complexidade da linguagem. Eles têm sua própria maneira muito mais sutil de se interconectar.

Uma vez que temos linguagem, somos responsáveis por nossa fala. As pessoas podem ser mais feridas por palavras do que por brutalidade física. De fato, o abuso verbal pode causar danos muito mais duradouros. Nós dizemos: "Paus e pedras podem quebrar meus ossos, mas palavras nunca poderão me ferir". Já os tibetanos dizem mais ou menos o seguinte: "Paus e pedras só quebram nossos ossos, mas palavras duras podem despedaçar nosso coração". Isso é verdade, portanto, devemos vigiar nossa língua e tomar cuidado com o que dizemos — e não apenas com as palavras, mas também com o tom. Dilgo Khyentse Rinpoche diz:

> A maioria das guerras que devastam o mundo começa com palavras rudes. Todas as brigas, os ressentimentos, os rancores e os sentimentos de vingança, que podem se perpetuar por gerações, surgem devido à falta de tolerância e paciência.[57]

---

[57] Khyentse, A Essência da Compaixão, 190.

Os pais, em especial, devem ter cuidado com o que dizem aos filhos, pois se forem rudes com eles, é possível que levem essa crítica consigo por toda a vida. Grande parte da baixa autoestima tem origem na primeira infância, em algo que a criança ouviu de seus pais, que a amavam, mas talvez estivessem irritados no momento e falaram de forma dura. Muitas crianças são afetadas por ouvir conversas abusivas dos pais em relação a elas mesmas ou dos pais entre si.

Devemos ser realmente cuidadosos com nossa fala. Ela deve ser verdadeira para que as pessoas possam confiar que não as estamos enganando, que não estamos dizendo nada que não seja verdade, mas, ao mesmo tempo, nossas palavras devem ser gentis e úteis, se possível. Às vezes, precisamos dizer coisas que parecem indelicadas, mas, mesmo assim, se a intenção for ajudar, temos de dizê-las. Mas primeiro devemos verificar nossa motivação genuína. Além disso, não devemos nos envolver muito em conversas fúteis. Algumas pessoas simplesmente tagarelam, dizendo em voz alta o que quer que esteja passando por suas cabeças. Isso é apenas distração. Quem precisa disso? Devemos estar conscientes de nossa fala e do efeito que ela tem sobre os outros. Às vezes, a melhor fala é simplesmente o nobre silêncio.

35

LIVRAR-SE DAS EMOÇÕES NEGATIVAS

> Depois que as emoções se tornam um
> hábito, é difícil eliminá-las com antídotos.
> Portanto, empunhar a arma do antídoto,
> com atenção plena e vigilância,
> para aniquilar o apego e as outras emoções
> negativas no momento em que surgirem
> é a prática do Bodhisattva.

Isso se parece bastante com o que estávamos tratando anteriormente sobre a raiva. É importante cultivar a atenção plena precisa e clara e a vigilância que monitora o que estamos fazendo e verificar nosso estado mental. Aqui, a atenção plena significa estar claramente presente e saber o que estamos fazendo, pensando e sentindo enquanto o fazemos. Dilgo Khyentse Rinpoche observa o seguinte em seu comentário sobre esse verso:

> Quando a mente está distraída, você pode ser picado por um mosquito sem que se dê conta, mas, quando ela está calma, você sente a picada do inseto na hora. Da mesma forma, a mente precisa estar relaxada e quieta para que possa perceber a sua natureza vazia. É por isso que se faz a prática de *shamata*; com shamata, até uma pessoa com emoções fortes, aos poucos, consegue ter autocontrole e calma interior. Quando a mente chega a um estado estável de concentração relaxada, as tendências habituais dissipam-se por si mesmas, ao passo que o altruísmo e a compaixão nascem e crescem naturalmente. Por fim, você chegará a um estado natural no fluxo incessante da natureza absoluta.[58]

Essa vigilância não precisa ser mantida o tempo todo; ela apenas olha para dentro e verifica. Nossa mente está distraída, está afundando, está

---

[58] Khyentse, A Essência da Compaixão, 195.

cheia de pensamentos negativos? O que está acontecendo? Quando ela verifica, se tudo estiver funcionando sem problemas, ela se afasta e volta mais tarde para verificar novamente. Isso garante que a mente faça o que deveria estar fazendo.

Quanto mais precisa for a nossa presença, quanto mais conscientes estivermos do que está acontecendo no momento, mais claro e vívido isso se torna. Assim, somos capazes de captar essas emoções negativas, como apego e raiva, ciúme e orgulho, e todas as outras emoções negativas. Se conseguirmos detectar a emoção aflitiva no momento em que ela surge e vê-la nua e crua, ela se dissolverá e se transformará em energia de sabedoria cortante. Isso vem com a prática.

Normalmente, se estivermos acostumados a ficar com raiva quando algo nos aborrece, ou se estivermos acostumados a ser gananciosos toda vez que vemos algo de que gostamos, ou se ficarmos com inveja toda vez que alguém tem algo que queremos, nós acabamos nos acostumando a reagir dessa forma. Isso se torna nosso caminho neural. A menos que estejamos alertas, é difícil aplicar o antídoto quando já estamos ladeira abaixo na expressão de nossas emoções aflitivas.

Precisamos desenvolver a atenção plena, uma clareza mental que repousa no momento e está consciente dessas emoções negativas habituais assim que elas surgem, para que possamos eliminá-las antes que elas continuem ganhando impulso e explodam com suas respostas habituais inadequadas. O Buddha disse que a atenção plena é o caminho para a liberação. Atenção plena significa a qualidade de estar presente, de estar consciente, de perceber o que precisamos cultivar em nossa vida diária.

O Buddha começou dizendo que, antes de tudo, devemos estar conscientes de nossos movimentos físicos. Quando estiver de pé, saiba que está de pé. Quando estiver sentado, saiba que está sentado e assim por diante. Em seguida, leve essa consciência para os sentimentos e sensações de prazer, desprazer e neutralidade. Depois, leve essa consciência para a mente — o que a mente está fazendo neste momento? E também para a interação entre os fenômenos externos e nossa percepção mental. O caminho da prática é o caminho para nos tornarmos mais conscientes e, quanto mais conscientes nos tornamos, mais rapidamente conseguimos lidar com as emoções negativas à medida que elas surgem.

━━ 36 ━━

ESTAR PLENAMENTE ATENTO

> Em resumo, em todos os lugares
> e em todas as ações,
> estar sempre atento e alerta,
> perguntando "Qual é o estado
> da minha mente?"
> E consumando o benefício dos
> outros é a prática do Bodhisattva.

Muito obrigada, Venerável Thogme, é exatamente assim. Precisamos saber o que está acontecendo em nossa mente enquanto está acontecendo e não sermos simplesmente engolidos e arrastados pela inundação de nossos pensamentos e sentimentos. É importante estarmos continuamente atentos e alertas, perguntando: "Qual é o estado de minha mente?" Ao mesmo tempo, também precisamos fazer o bem aos outros. Dilgo Khyentse Rinpoche nos instrui a fazer o seguinte:

> A cada dia, avalie o quanto você está aplicando dos ensinamentos, com que frequência consegue controlar a mente e quantas vezes sucumbe ao poder das emoções negativas. Examinar o próprio progresso utilizando esses critérios irá ajudá-lo a diminuir o apego às preocupações comuns desta vida e a aumentar a confiança nos ensinamentos.[59]

O verso correspondente dos *Oito Versos para Treinar a Mente*, de Langri Thangpa, reforça essa ideia:

> Em todas as minhas ações, possa eu observar minha mente,
> e assim que surgirem emoções perturbadoras,

---

[59] Khyentse, A Essência da Compaixão, 196.

que eu as interrompa vigorosamente de uma só vez,
já que elas prejudicarão tanto a mim quanto aos outros.[60]

Quando estamos sentados em nossa meditação, se estivermos observando a mente, o que é excelente, estaremos apenas observando os pensamentos que estão passando, como o exemplo tradicional de alguém sentado às margens de um rio apenas observando a água passar. Não estamos mergulhando no rio e sendo arrastados por ele, como normalmente aconteceria. Agora estamos sentados às margens do rio. Dilgo Khyentse Rinpoche descreveu isso como se estivéssemos sentados em um trem e observando a paisagem passar. Campos bonitos, favelas feias, o que quer que seja — nós apenas observamos. Não saltamos do trem para explorar tudo o que está por ali. Estamos sentados em um trem apenas observando as paisagens passando por nós.

Durante nossa meditação formal, quando estamos sentados em nossa postura, não julgamos os pensamentos. Não fazemos distinção entre os pensamentos, rotulando alguns de bons e outros de ruins. Todos os pensamentos e sentimentos são apenas pensamentos e sentimentos. Eles são apenas energia vazia. Eles não são "eu", não são "meus". Reconhecemos a natureza totalmente impermanente de toda a atividade conceitual. Ao mesmo tempo, desenvolvemos a qualidade de prestar atenção, de nos darmos conta e de estarmos conscientes do que está acontecendo na mente. De como permanecermos presentes. Durante o dia, no pós-meditação, fora de nossa meditação formal, quando estamos apenas deixando as coisas passarem — enquanto realizamos todas as nossas atividades —, ainda devemos estar conscientes de nossa mente. Devemos observar a mente o tempo todo ou, pelo menos, sempre que nos lembrarmos.

Costumo repetir essa história de quando comecei a praticar com os yogis em nosso monastério. Eles sugeriram que eu assumisse o compromisso de observar a mente três vezes a cada hora. A cada hora, em três ocasiões, simplesmente olhar para o que a mente está fazendo naquele momento: o que estou pensando, o que estou sentindo neste momento? Então, gradualmente, à medida que começamos a fazer isso, à medida que essa capacidade de estar atento cresce, nos tornamos mais conscientes, mais despertos, mais presentes e prontos durante o dia "assim

---

[60] Rinchen, *Eight Verses for Training the Mind*, 45.

que surgirem emoções perturbadoras". As emoções perturbadoras são os kleshas — o apego, a raiva, a ignorância, o orgulho ou presunção e a dúvida. Assim que surgir uma emoção negativa, qualquer emoção negativa que perturbe a mente, devemos reconhecê-la e enfrentá-la imediatamente. Reconhecemos o sentimento subjacente do pensamento como raiva ou aversão, irritação, aborrecimento ou presunção. Ou ganância, fixação, apego e assim por diante, ou qualquer emoção negativa que esteja subjacente aos pensamentos. Esses sentimentos e pensamentos criam muitos problemas para nós e para todos os outros por isso é importante que, em todas as atividades, examinemos nossa mente.

Antes de fazermos qualquer coisa, devemos examinar a motivação subjacente, pois, como disse o Buddha, "Karma é intenção". Não é tanto o que fazemos, mas por que o fazemos. Para dar um exemplo extremo, considere um assassino que pega uma faca afiada ou um bisturi e a enfia no coração de alguém, e essa pessoa morre. A motivação subjacente é o ódio ou a inveja que o levou a querer matar essa pessoa. Por outro lado, temos um cirurgião altamente qualificado que, da mesma forma, pega o bisturi e o introduz no peito para realizar uma cirurgia cardíaca. Infelizmente, a cirurgia fracassa e o paciente morre, mas a motivação do cirurgião era muito diferente da do assassino. A intenção do cirurgião era ajudar e curar a pessoa, não prejudicá-la e matá-la. Essencialmente, embora a ação fosse a mesma e o resultado fosse o mesmo — a morte da pessoa — os resultados kármicos seriam diferentes porque a intenção era diferente. É por isso que, quando estamos realizando qualquer ação, é importante enxergarmos, com a maior honestidade possível, a intenção que está por trás da ação do corpo ou da fala.

Não se trata apenas da ação realizada ou das palavras que falamos, mas de como elas são ditas ou feitas e com que intenção. Isso é o que conta. Portanto, devemos ter cuidado com o que se passa em nossa mente durante o dia, pois nossos pensamentos conduzirão nossa fala e nossas ações. Se quisermos que nossa fala e nossas ações sejam puras e benéficas, devemos tomar cuidado para que a motivação subjacente seja igualmente pura e benéfica.

Se percebermos que há alguma negatividade na mente, devemos reconhecê-la porque é a partir dessa negatividade, das emoções perturbadoras, que agimos sem habilidade e causamos muitos problemas para nós mesmos e para os outros e criamos um karma negativo. Em geral, quando não estamos atentos, fazemos besteira. Precisamos estar conscientes do que está acontecendo em nossa mente. Se nossa mente estiver genuinamente inofensiva e bondosa, é improvável que ajamos de forma inábil para prejudicar a nós mesmos ou aos outros. Geralmente culpamos os outros por nossos problemas, mas, na verdade, o problema está dentro de nós.

"Que eu as interrompa vigorosamente de uma só vez" significa reconhecer as emoções negativas e, em seguida, mitigá-las. Primeiro, precisamos examinar nossos pensamentos e emoções. Quando surgem emoções aflitivas de qualquer tipo, como raiva, ganância, orgulho, ciúme ou medo, nesse momento, se as encararmos honestamente, sem reagir, poderemos reconhecer a emoção pelo que ela é. Dessa forma, poderemos decidir como lidar com ela. Em todas as escolas budistas, há uma ênfase em como lidar com as cinco emoções aflitivas em todos os níveis. Podemos desenraizar, transformar ou transcender essas forças poderosas que estão na base de grande parte da existência egoica. Portanto, primeiro temos de reconhecer uma emoção negativa no momento em que ela surge. Precisamos enfrentá-la. Não podemos fingir que não se trata de uma emoção negativa. É uma emoção negativa. Portanto, dependendo de nossa prática e do nível de nossa habilidade, lidamos com ela.

Por exemplo, se, de repente, sentirmos raiva, podemos tentar substituir a raiva por tolerância e paciência ou despertar a compaixão e a bondade amorosa. Ou podemos enfrentar essa raiva e transformá-la em sua natureza energética essencial, chamada sabedoria semelhante ao espelho. Ou, como diz Shantideva, se estivermos realmente com raiva e não conseguirmos, naquele momento, transformar a raiva em uma emoção mais positiva, devemos agir como um pedaço de madeira e simplesmente não reagir. Inspirar, expirar e contar até dez. Mais tarde, podemos ler um livro sobre como lidar com a raiva.

A questão é que todo mundo tem emoções negativas. Se não tivéssemos nenhuma emoção negativa, isso significaria que estaríamos totalmente livres de ego. Nesse caso, seríamos arhats, o que é maravilhoso. Mas a maioria das pessoas ainda não chegou lá. Todos nós temos falhas. Todos temos problemas. Quando não é uma coisa, é outra.

Ter emoções negativas não é o problema. Afinal de contas, se não as tivéssemos, não precisaríamos de um caminho. Mas a questão é reconhecer as emoções negativas e, em seguida, aplicar os antídotos. Enquanto estivermos negando que temos algum problema e nos iludirmos pensando que o problema são as outras pessoas, nada mudará. Ficaremos cada vez mais habituados às nossas emoções e reações negativas. Quando reconhecermos qual é o verdadeiro problema, poderemos começar a trabalhar. Seja qual for o nosso problema, sempre há um remédio para ele. É como quando estamos doentes. Se negarmos o fato de estarmos doentes, só iremos piorar. Mas se descobrirmos qual é a causa real da nossa doença, provavelmente haverá uma boa chance de cura, desde que tomemos o remédio. É por isso que é importante observar a mente durante o dia, tanto quanto possível, em todas as nossas ações, reconhecendo quais são os pensamentos e sentimentos habituais subjacentes. Se forem negativos, precisamos reconhecê-los e mudá-los. Se forem positivos ou neutros, não há problema algum.

Precisamos nos tornar mais atentos, mais centrados, mais conscientes e mais presentes e, ao mesmo tempo, abrir nosso coração para a felicidade e para o bem-estar dos outros. Isso nos fará avançar. As pessoas sempre reclamam que não têm tempo para praticar. Mas, enquanto estivermos respirando, podemos praticar.

Dilgo Khyentse Rinpoche descreve lindamente a essência da prática de um bodhisattva quando diz:

> A essência da prática do Bodhisattva é transcender o apego ao "eu" e se dedicar completamente a servir os outros. É uma prática baseada na sua mente, não na maneira como as suas ações são percebidas. A generosidade verdadeira, portanto, é não ter apego; a disciplina verdadeira é não ter desejo, e a verdadeira paciência é não ter ódio. Os bodhisattvas podem dar para os outros até os seus reinos e a sua vida, ou o seu cônjuge e os seus filhos, porque não têm o menor sentimento interior de pobreza ou necessidade e estão dispostos a satisfazer as necessidades dos demais sem impor condições. Não importa como os outros percebem o que você faz: não é necessário ter uma determinada aparência "compassiva". O que você realmente precisa ter é uma mente pura. Por exemplo, palavras doces e agradáveis ditas sem a intenção de beneficiar os outros são insignificantes. Até os pássaros conseguem entoar belas melodias. Alguns animais selvagens, como os tigres, são amorosos com seus filhotes, mas esse amor é parcial e está misturado com apego; ele não abarca todos os seres. O bodhisattva sente um amor imparcial por todos os seres.[61]

---

[61] Khyentse, A Essência da Compaixão, 197.

37

DEDICAR AO BENEFÍCIO DOS OUTROS

> Para remover o sofrimento dos infinitos seres,
> dedicar à iluminação todo o mérito
> alcançado com essas práticas,
> empregando a sabedoria que é
> livre dos três conceitos,
> e a prática do Bodhisattva.

As duas primeiras linhas desse verso final significam que dedicamos a virtude sem nos apegarmos à noção de que há alguém que tenha dedicado a virtude, de que há alguém a quem dedicá-la ou de que esteja ocorrendo alguma dedicação. As duas segundas linhas indicam por que dedicamos esse mérito — para que todos os seres sencientes fiquem livres do sofrimento. Amém.

Dilgo Khyentse Rinpoche explica como dedicar os méritos com a seguinte frase:

> Só quem alcançou a realização completa da vacuidade pode dedicar o mérito da melhor forma possível, isto é, de uma maneira totalmente desprovida dos três conceitos de sujeito, objeto e ação. Então, como nós, seres comuns incapazes de fazer uma dedicação perfeita, devemos dedicar o mérito? Podemos fazê-lo seguindo os passos daqueles que têm essa realização. O bodhisattva Samantabhadra tinha domínio sobre o infinito oceano de aspirações dos bodhisattvas, enquanto Manjushri e Avalokiteshvara tinham o domínio sobre o infinito oceano das atividades dos bodhisattvas que beneficiam os seres. Ao dedicar o mérito, faça-o pensando em seguir o exemplo desses grandes bodhisattvas. Utilize os versos perfeitos proferidos por Buda ou por seus alunos que consumaram a natureza última e vazia de todas as coisas. Desse modo, as suas orações terão muito mais poder e eficácia.[62]

---

[62] Khyentse, A Essência da Compaixão, 200.

Thogme Sangpo conclui os Trinta e Sete Versos sobre a Prática de um Bodhisattva da seguinte forma:

> Seguindo os ensinamentos dos seres sagrados,
> organizei as instruções ensinadas nos sutras, tantras e shastras
> em As 37 práticas do bodhisattva,
> para o benefício daqueles que desejam seguir o caminho do bodhisattva.
>
> Considerando minha pobre compreensão e pouca educação,
> esta não é uma composição para agradar os eruditos;
> estando baseada nos sutras e ensinamentos dos seres sagrados, porém,
> penso que é, genuinamente, a prática dos bodhisattvas.
>
> No entanto, é difícil para alguém de pouca inteligência como eu
> sondar as grandes ondas das atividades dos bodhisattvas.
> portanto, imploro aos seres sagrados que perdoem
> minhas contradições, irrelevâncias e outros erros.
>
> Pelo mérito que advém de ter composto esta obra
> e pelo poder da bodhichitta sublime, relativa e absoluta,
> que todos os seres venham a ser como o Senhor Avalokiteshvara,
> que está além dos extremos do samsara e do nirvana.
>
> Para o benefício pessoal e o dos outros, Thogme, um professor das escrituras e lógica, compôs este texto em Rinchen Phug, em Ngulchu.

Muitos lamas explanaram esse belo texto com excelentes comentários. Se você tiver interesse, por favor, estude realmente esses livros e tente aplicar os princípios à vida diária, pois esse é um texto muito prático. Além do livro que está em suas mãos, um bom lugar para começar é o comentário de Dilgo Khyentse Rinpoche lançado com o título *A Essência da Compaixão* [lançado em português pela Editora Makara]. Há também uma tradução recente de um comentário muito respeitado de Ngawang Tenzin Norbu, intitulado *A Guide to the Thirty-Seven Practices of a Bodhisattva* (Um Guia para as Trinta e Sete Práticas de um Bodhisattva – sem tradução para o português). Há também recursos on-line, como vídeos de ensinamentos de Sua Santidade o Dalai Lama.

Às vezes, quando lemos livros sobre filosofia profunda ou meditação avançada, como Mahamudra e Dzogchen, tudo parece difícil, a não ser que tenhamos uma infinidade de tempo. Nós nos perguntamos como seremos capazes de alcançar tais realizações. Mas este texto foi escrito para a vida cotidiana e para a prática diária, portanto, não há desculpa para não ler esses versos, refletir sobre eles e aplicá-los em nossa vida. Precisamos nos acostumar com esses princípios, aplicando-os diariamente e sendo gratos pelas oportunidades que nossa vida nos dá de realmente colocar esses valores em prática, trazendo as coisas da vida cotidiana para o caminho.

Para encerrar, gostaria de compartilhar uma citação de Ngawang Tenzin Norbu (1867-1940), um mestre Nyingma conhecido por seu importante comentário sobre os Trinta e Sete Versos:

> Neste reino do samsara, todo o sofrimento que existe, sem exceção, surge do autoapreço devido ao desejo de felicidade própria. Qualquer felicidade e benefício mundano ou transcendente que exista — como a felicidade suprema no nível de um Buddha perfeito — tudo nasce da intenção de beneficiar e estimar os outros.[63]

Agora é a sua hora de praticar. Por favor, contemple o que leu neste livro e aplique os ensinamentos em sua vida diária. Dessa forma, você não beneficiará apenas a si mesmo, encaminhando-se para a liberação final, mas também cuidará ativamente dos outros. Ao domar a mente e abrir o coração, você se tornará alguém muito mais capaz de demonstrar compaixão e bondade a todos os seres. Se você aplicar diligentemente esses ensinamentos, acabará se tornando um bodhisattva, um herói de amor sem limites e compaixão inesgotável. O que mais você poderia desejar?

---

[63] Ngawang Tenzin Norbu. *A Guide to the Thirty-Seven Practices of a Bodhisattva* (Boulder: Snow Lion, 2020), 85.

SOBRE A AUTORA

Jetsunma Tenzin Palmo, nascida na Inglaterra em 1943, é uma monja plenamente ordenada (bhikshuni) na linhagem Drukpa da escola Kagyu do budismo tibetano. Ela é autora, professora e fundadora do Convento Dongyu Gatsal Ling em Himachal Pradesh, Índia. Jetsunma é conhecida por ser uma das poucas praticantes nascidas no Ocidente e totalmente treinada no Oriente, tendo passado doze anos vivendo em uma caverna remota no Himalaia, três desses anos em retiro de meditação estrito. O principal professor de Jetsunma foi o Oitavo Khamtrul Rinpoche, Dongyu Nyima (1931-1980), que restabeleceu a linhagem e o monastério de Khampagar no norte da Índia após a destruição do monastério original durante a invasão e ocupação chinesa do Tibete. O título de Jetsunma ("senhora reverenciada") foi concedido a ela pelo chefe da linhagem Drukpa, o Décimo Segundo Gyalwang Drukpa, em reconhecimento às suas realizações espirituais como monja e aos seus esforços para promover o status das mulheres praticantes no budismo tibetano. Nenhum outro ocidental recebeu formalmente um título de tão elevada estima.

edição 1ª | outubro de 2024
impressão Editora Vozes
papel de miolo Avena 80 g/m²
papel de capa cartão supremo 300 g/m²
tipografia Adobe Text Pro e Richmond Text

Os livros da Editora Lúcida Letra são como pontes para conectar as pessoas às fontes de sabedoria. Para informações sobre lançamentos de livros sobre budismo e meditação acesse lucidaletra.com.br